Possin

Hüter der Schöpfung

Roland Possin

Hüter der Schöpfung

Die Erde heilen mit der Weisheit der Naturvölker

Atlantis

ATLANTIS wird herausgegeben von Hans Christian Meiser.

In Erinnerung an Karl, an Jürgen und an Ayya Khema

Die Deutsche Bibliothek – CIP-Einheitsaufnahme
Possin, Roland:
Hüter der Schöpfung : die Erde heilen mit der Weisheit der Naturvölker / Roland Possin. – Kreuzlingen ; München : Hugendubel, 2000
(Atlantis)
ISBN 3-7205-2110-9

Umschlaggestaltung: Zembsch' Werkstatt, München
Produktion: Maximiliane Seidl
Satz: Verlagsservice G. Pfeifer/EDV-Fotosatz Huber, Germering
Druck und Bindung: Spiegel, Ulm-Jungingen
Printed in Germany

ISBN 3-7205-2110-9

Inhalt

Danken möchte ich Birgit Graf und Peter Zengel, die zum Gelingen dieses Buches, das unter Mitwirkung von Karin Possin entstand, beigetragen haben.

Vorwort

In der Wirtschaftswachstumsgesellschaft der modernen Industriestaaten dominiert eine verhängnisvolle Schwerpunktverschiebung der Realitätswahrnehmung: Unser Planet und seine Bewohner werden in erster Linie als substantielle Gegenstände gesehen und kaum als Beziehungsgeflecht, in welchem jedes Mitglied in Wechselwirkung zum anderen steht und in dem jeder von jedem abhängig ist. Der Mensch begreift sich als von der Natur getrennt und versteht diese als Ansammlung bloßer Gegenstände, die von ihm zur Produktion benutzt werden.

Wir haben die biblische Forderung »Macht Euch die Erde untertan!« mißverstanden, wenn wir uns als ein über der Natur stehendes Herrenwesen begreifen, das die Umwelt verantwortungslos zu seinem materiellen Vorteil ausbeuten darf. Vielmehr ist der Mensch – und das wird in diesem Buch sehr deutlich – ein Teil der Natur, eingebunden in die Erd-Familie, wie Roland Possin den Planeten und seine Bewohner nennt. Unser Machtpotential, das wir innerhalb des Beziehungsnetzes *Erde* haben, darf uns nicht von anderen Familienmitgliedern trennen. Im Gegenteil, es fordert eine größere Verantwortung ihnen gegenüber!

Possin schreibt mit dem Herzen des Heilers, wenn er sagt: »Es ist an der Zeit, mit dem Ausstieg aus der bisher bestehenden, zerstörenden Lebensform zu beginnen.« Es gelte, »die gesamte Erde mit all ihren Lebewesen – von den größten Gebirgszügen bis hin zu den kleinsten Mikroorganismen und den verschiedenen Elementen – zu respektieren und darauf aufbauend, sie ins Herz zu schließen und aus dieser Liebe heraus zu handeln.«

Solche Forderungen machen den erdheilenden Ansatz Possins deutlich. In Anbetracht der katastrophalen Lage unseres Planeten reicht es eben nicht mehr aus, ökologisches Handeln auf den Kampf gegen Ressourcenausbeutung und Umweltverschmutzung zu beschränken, wobei der wissenschaftliche Fortschritt beim Umweltschutz letzten Endes immer noch zur Profitsicherung mißbraucht wird. Vielmehr müssen ökologisches Handeln und wissenschaftlicher Fortschritt von einer spirituell geprägten Ethik untermauert und begleitet sein. Von einer Ethik, welche die Erdfamilie als ganzheitliches Beziehungsgeflecht anerkennt und die auch um den Zusammenhang zwischen der inneren Natur des Menschen und der übrigen Natur weiß.

Maximen einer spirituell geprägten Ethik finden wir besonders in den Traditionen der Urvölker. Nach Possin ist der Rat der Urvölker für die Heilung der durch die Industrienationen zerstörten Welt wichtig; er holt deshalb wertvolle Ratschläge über intensives Quellenstudium und direkte Gespräche mit Vertretern nordamerikanischer Indianerstämme ein.

So wurde dem erdheilenden Ansatz dieses Buches eine schamanistische Komponente beigefügt, und die Vision des Autors von einer gesunden Erde rückt trotz aller Katastrophen in den Bereich des Möglichen.

Peter Zengel (Umweltpädagoge), Lübeck

Einleitung

Die Menschheit steht am Beginn eines neuen Zeitalters. Wer sich von der Weisheit der Ur-Prinzipien der Erde inspirieren läßt, weiß, daß eine menschenzentrierte Denkweise in Zukunft nicht mehr Bestand haben wird. Nur eine Änderung hin zu einer Lebensweise, die das Wohlergehen der gesamten Schöpfung einbezieht, in der das Heil-Sein der Erde im Mittelpunkt steht, kann dazu führen, daß Leben auf der Erde auch noch für kommende Generationen möglich ist.

Die Weisheit der Naturvölker sagt uns, daß wir uns als gleichwertige Partner der Pflanzen und Tiere, aber auch der Steine und Berge, des Bodens, der Luft, der Meere und Seen einzureihen haben. Die Bildung einer großen *Erd-Familie*, die in Frieden und Harmonie zusammenlebt und das damit verbundene Wohlergehen der gesamten Gemeinschaft steht in den Mythologien vieler traditionell lebender Völker im Mittelpunkt ihres Handelns, denn nur im Miteinander kann die in Mitleidenschaft gefallene Erde wieder geheilt werden.

Ist eines der *Familienmitglieder* erkrankt oder vom Aussterben bedroht, so ist dadurch die Existenz der gesamten Gemeinschaft gefährdet. Die Großfamilie trägt das Bewußtsein in sich, alles Nötige zu unternehmen, damit das erkrankte Mitglied wieder zur Gesundung geführt wird, beziehungsweise sie handelt vorbeugend, damit es erst gar nicht zu einer Erkrankung kommt. Entsprechend dieses mitfühlenden und verantwortungsbewußten Familienprinzips ist es für die Menschheit an der Zeit, ihre Verwandten mit Respekt und Liebe zu behandeln, statt deren Untergang zu bewirken. Diese Vision, basierend auf dem Ur-Wissen der Naturvölker, bildet die Grundlage dieses Buches. Darauf aufbauend wird der Frage nachgegangen, inwieweit es der Menschheit noch gelingen wird, ihrer kollektiven Aufgabe als *Hüter der Erde* gerecht zu werden, bevor uns der Planet, auf dem wir zu Gast sind, unsere Aufenthaltsberechtigung entzieht. Es wird in diesem

Buch Wert darauf gelegt, über eine gefühls- und nicht intellektorientierte Sichtweise Lösungsmöglichkeiten zur Heilung der Erde aufzuzeigen und dabei das uralte Wissen der Ureinwohner dieses Planeten einzubeziehen.

Sie werden sich fragen, wie ich dazu kam, nach der Weisheit der traditionell lebenden Urvölker zu forschen und mehr über deren Mythologien und Rituale zum Thema Erd-Heilung zu erfahren.

Begonnen hat diese Betrachtungsweise damit, daß ich vor geraumer Zeit anfing, die Natur nicht mehr alleine aus dem Kopf heraus zu betrachten, sondern mich gefühlsmäßig auf sie einzulassen.

Wenn ich nahe meiner Heimatstadt Lübeck die Ostsee aufsuche und mich auf die Tiefe des Wassers einlasse, spüre ich, daß ich ein Lebewesen vor mir habe, das fühlt und agiert. Mit entsprechendem Respekt begegne ich dem wäßrigen Element. Streiche ich mit meiner Hand über eine Grasnarbe oder nehme Erde in die Hand, erkenne ich die tiefe Verbindung, die zwischen mir und dem Boden besteht. Selbst bei den Steinen, auch wenn sie kalt und starr erscheinen, spüre ich, daß etwas Lebendiges in ihnen ist.

Nachdem in meinen ersten beiden Büchern das Wohlergehen des Menschen im Vordergrund stand, wuchs in meinem Innern immer mehr das Bedürfnis, mein Gefühl und die Liebe zur Großfamilie Erde in einem Buch zusammenzufassen.

In der Zeit, als ich den Keim der Idee zu diesem Buch entdeckte, führte mich mein Weg in das Reservat der Lakota (Süd-Dakota/USA), die bei uns als Sioux bekannt sind. Das Elend, das sich mir dort offenbarte, die Massenarbeitslosigkeit (90 Prozent), der stark verbreitete Alkoholismus und Drogenkonsum lösten anfänglich eine resignierende Traurigkeit in mir aus. Die Bedingungen waren hervorragend geeignet, meine Ideen ad acta zu legen. Doch wie es das Schicksal wollte, bekam ich die Gelegenheit, näher in Kontakt mit den traditionell lebenden Lakota zu treten, die ganz bewußt bestimmte Rituale wie den Sonnentanz, die Schwitzhütte und die Visionsreise ausüben, um sich von ihren Problemen zu befreien.

Als ich an einigen dieser Zeremonien teilnahm, spürte ich, wie sich mein Sein tief in der Erde verwurzelte und mit ihr eine Verbindung einging. Ich fühlte, wie sich eine Kraft in mir entwickelte, die sich, tief aus der Erde kommend, in meinem Innern verbreitete.

Bei den Lakota erlebte ich, wie diese mit Respekt und Dank Mutter Erde behandeln, sowohl während der Zeremonien als auch im alltäglichen Leben. Ich spürte, wie sich die bodenständige Kraft aus den Zeremonien auf mich übertrug – Energie, die mir hilft, in Anbetracht der fortdauernden Zerstörung der Artenvielfalt der Erde nicht zu resignieren, sondern aus meinem eigenen Zentrum zu schöpfen und dieses Buch für die Erde zu schreiben.

Dessen Mittelpunkt wird nicht allein das Wohlergehen der Menschheit ausmachen. Es geht vielmehr darum, der *Großfamilie Erde* eine gleichberechtigte Stimme zu geben. Zu dieser Großfamilie gehören neben der Menschheit die vier Elemente – Feuer, Erde, Wasser und Luft – sämtliche Blumen, Bäume und sonstige Pflanzen, die Vielfalt der Tiere, aber auch die Steine und Berge. Völker, die dieses familiäre Prinzip schon über viele Generationen hinweg auch heute noch praktizieren, werden dabei ebenfalls zu Wort kommen. Worte, die weder abgehoben noch schwer verständlich sind, sondern dem Wesen dieses Planeten entsprechend einfach und weise.

Brief an die Erde

Mutter Erde,

das tiefe Gefühl pocht in mir, mich mit meinen Träumen und Visionen, Freuden und Ängsten an Dich zu wenden. Als ich vor kurzem las, daß jede Minute 22 Morgen Regenwald vernichtet werden – in jeder Sekunde ein Gebiet, so groß wie ein Fußballfeld –, daß jeden Augenblick eine Pflanzen- oder Tierart ausstirbt, überkam mich tiefe Traurigkeit. Ich möchte Dich bitten, meine Tränen der Trauer in Deinen Boden aufzunehmen, in die Meere weiterzuleiten und sie über Wasserdampf und Regen wieder auf den Boden fallen zu lassen. Mit diesem Buch möchte ich Dir, Erde, eine Stimme verleihen, die sich für Deine Belange einsetzt.

Tief in meinem Innern weiß ich, daß Du im Grunde gar nicht die Hilfe von uns Menschen benötigst, um gesund weiterexistieren zu können. Du würdest Dich viel besser selbst regenerieren. Ich denke, daß Du damit zufrieden wärst, wenn wir Dich, wie es in den vergangenen Jahrtausenden geschehen ist, einfach in Frieden lassen würden. Doch die Zeiten haben sich geändert. Die Milliarden Menschen benötigen zum Leben viel Raum und vor allem Rohstoffe aus Deinem Körper. Vielleicht sagst Du jetzt, daß Du genug für uns alle hättest, wenn nicht das Konsumverhalten in unserer vermeintlich heilen Welt so ausgeprägt wäre. Die Sprühflaschen und Kühlschränke mit ihrem FCKW. Die Hamburger, für deren Produktion riesige Flächen von Wäldern gerodet werden, zur Zucht von Rindern. Was tun wir dabei Deinem Körper an? Ist je danach gefragt worden, wie Du Dich dabei fühlst? Deine Meere, Flüsse und Seen, die mit menschlichem Unrat und Chemikalien verseucht werden. All das ist mehr, als ein Lebewesen ertragen kann – auch wenn es noch so kräftig gebaut ist wie Du, Mutter Erde. Ich sehe, daß Du anfängst, Dich zu wehren – die Erdbeben, Überschwemmungen, Dürreperi-

oden und die anderen Katastrophen, die vielen Lebewesen schon das Leben gekostet haben. Ich kann Dich gut verstehen, daß Du beginnst, Dich selbst zu schützen, und ich würde es wohl genauso machen, wenn man mich so tief verwunden würde. Ich weiß, daß Du es mit Deinem Aufbegehren gut mit uns Menschen meinst und versuchst, uns wachzurütteln und zur Besinnung zu bringen.

Der Grund, warum ich Dir diesen Brief schreibe, ist die Bitte, uns Menschen noch eine Chance zu geben, damit wir erkennen, daß wir nur zu Gast auf Deinem Körper sind und uns entsprechend mit Respekt zu verhalten haben. Gib uns noch etwas Zeit, uns zu besinnen. Trotz all dem Schaden, der Dir angetan wurde, ist doch der tiefe Glaube in mir, daß wir Menschen noch die Einsicht gewinnen, daß es nicht unsere Aufgabe ist, Dich uns untertan zu machen, sondern zu erkennen, daß es an der Zeit ist, Dein Wohlergehen in den Mittelpunkt zu stellen.

Vor kurzem besuchte ich die Badlands in South Dakota. Ich stellte mich auf einen Hügel inmitten des Millionen Jahre alten Steinmassivs, das aussieht wie eine Mondlandschaft. Spätestens seit diesem Augenblick weiß ich mit allen Poren meines Seins, daß Du mehr bist als eine feste Masse, die durch Zufall aufgrund eines Urknalls vor Millionen von Jahren entstanden ist. Was vorher von meinem Verstand als Wahrheit erkannt wurde, nämlich daß Du ein lebendiges, fühlendes Wesen bist, das erlebte ich in diesem Augenblick mit all meinen Sinnen und Gefühlen. Ich bekam Zugang zu Deinem Sein. Ich spürte die Kraft, die auf diesem Platz von Dir ausgeht, und wußte, daß wir mit all unserer Technik und unserem Fortschritt niemals Deine Existenz erschüttern können. All das, woran wir festhalten – die Computer, PKWs, Flugzeuge und Fernsehgeräte –, all das ist vergänglich, genau wie auch unser Körper vergänglich ist. Doch Du wirst weiterleben, Erde.

Mögen meine Worte den Respekt und die Dankbarkeit ausdrücken, die ich für Dich, Mutter Erde, und all Deine Kinder, für den Wind, die Ozeane und Flüsse, die Blumen, Kräuter und Bäume, die Berge und Tiere, empfinde.

Globales Denken

Mein Wirken als ganzheitlich orientierter Ernährungswissenschaftler basiert auf der Grundlage, den Ratsuchenden keine symptomatische, sondern eine ursachenbezogene Hilfestellung zu geben. Sucht mich etwa jemand in der Praxis mit Magenschmerzen auf, so lasse ich es nicht bei den ernährungskundlichen Empfehlungen bewenden, zum Beispiel wenig Geröstetes und Fritiertes zu verzehren sowie Kaffee und Alkohol zu meiden. Diese Maßnahmen wirken unterstützend, sind jedoch meist nicht die Ursache für die Magenreizung. Um die gesundheitlichen Probleme bei der Wurzel zu packen, frage ich nach den möglichen *Ursachen*. Liegt ein Grund für Gereiztheit vor, spielt Streß eine Rolle, gibt es Unstimmigkeiten im sozialen Bereich, ist die Ausübung des Berufes erfüllend? Wir unterhalten uns dann über Möglichkeiten des emotionalen Ausgleichs, wie Meditation, autogenes Training oder sportliche Betätigung, so daß aus einem körperlichen und seelischen Gleichgewicht heraus die Ursachen der Magenreizung behoben werden. Bei Bedarf verweise ich auf Ärzte oder Heilpraktiker, Psychologen und Körpertherapeuten, die ebenfalls ganzheitlich ausgerichtet sind und den Patienten entsprechend fördern.

Diese umfassende Betrachtungsweise von Krankheit läßt sich auch auf den Zustand der Erde übertragen. Reicht es aus, über Müllvermeidung, Abfalltrennung, die Parole *Fahrrad statt Auto* und über andere umweltschützende Maßnahmen der fortschreitenden Zerstörung der Erde entgegenzuwirken? Die genannten Aktivitäten, die zweifellos notwendig sind, können mit den Ratschlägen für den Magenkranken, auf Fritiertes und Kaffee zu verzichten, verglichen werden. Diese beheben möglicherweise die Symptome der gesundheitlichen Störung, bearbeiten aber nicht die wirklichen Ursachen.

Die Erde zu schützen beziehungsweise zu heilen umfaßt praktische Maßnahmen, wie zum Beispiel die Müllvermeidung oder den Anbau und Verzehr von biologisch erzeugten Nahrungsmitteln, bezieht aber auch die Behebung der wirklichen Ursachen – die Entfremdung des Menschen von sich selbst und der Natur – mit ein. Praktiken, wie Meditation, schöpfungsbejahende Gebete, bis hin zur Visionssuche in der Einsamkeit der Berge und auch die Energie eines einfühlsamen Gedichtes oder Liedes, können zum Wohlbefinden der Erde beitragen. Sie helfen den Menschen, sich als ein *Teil* der Erde und nicht als deren Oberhaupt anzusehen.

Die stetig zunehmende Verschwendung von Rohstoffen oder die Verklappung von Industrieabfällen in die Meere sind nicht die Ursache der Umweltzerstörung. Sie sind vielmehr die Auswirkungen eines Entfremdungsprozesses des Menschen aus dem Kreis der Erd-Familie. Die daraus resultierende Entfremdung wird von dem fatalen Trugschluß begleitet, daß sich die Menschen als Herren dieses Planeten ansehen und sich daher auch das Recht nehmen, wann immer es ihnen als sinnvoll erscheint, die Erde auszubeuten.

Es ist keine Frage, daß der konventionelle Umweltschutz sehr wichtig für das Gleichgewicht der Erde ist. Von tiefgehender Bedeutung ist es allerdings auch, eine gefühlsmäßige und herzliche Verbindung zu Mutter Erde aufzunehmen, sie wie einen guten Freund oder gar das eigene Kind zu behandeln und diese familiäre, liebende Haltung in das alltägliche Leben zu integrieren.

Erd-heilende Rituale der Naturvölker

Der Ansatz, daß ein Lied, ein Gebet oder gar ein einziges Wort, wenn es aus tiefstem Herzen gesprochen wird, sich heilend auf die Erde auswirkt, ist im Grunde nichts Neues. Schon seit Jahrtausenden leben die Naturvölker in dem Bewußtsein, Rituale, Tänze und Gesänge für das Wohl der Erde und all ihren Lebewesen einzusetzen. Zum Teil wird dies heutzutage noch von traditionell lebenden Völkern, wie von den Aborigines in Australien, den Ureinwohnern Amerikas, Asiens und Afrikas praktiziert.

Bei dem Volk der Lakota erlebte ich, daß die Menschen dort Rituale wie die *Schwitzhütte*, die *Pfeifenzeremonie* und die *Heilungszeremonie* mit dem Ausspruch »Mitakuye Oyasin« beginnen, was mit »Für alle meine Verwandten« übersetzt werden kann. Mit den *Verwandten* meinen die Indianer alles Leben auf der Erde, von den Pflanzen, Tieren, Steinen und Bäumen, bis hin zu den vier Naturkräften Feuer, Erde, Wasser und Luft. Die Grundlage der Lakota-Rituale bildet der Gedanke, im Gleichgewicht mit der Erd-Familie zu leben.

Wir können aus dem Wissensschatz der Naturvölker lernen.

Gleiches Recht

Die Vielzahl der Milliarden Menschen macht nur einen winzigen Teil der gesamten Schöpfung auf der Erde aus. Jedes Lebewesen, ob es nun ein Pottwal oder eine Ameise, eine uralte Eiche oder ein Grashalm, ein Ackerstein oder ein Menhir ist, hat die gleichen Rechte wie die Menschen. Der einzige Unterschied zwischen den genannten Geschöpfen und uns ist, daß wir ein Bewußtsein entwickeln können und unserer selbst bewußt sind. Doch dies gibt uns nicht die Berechtigung, uns über die Erd-Familie zu stellen und uns als etwas Höherstehendes anzusehen, um in diesem Sinne die Erde auszubeuten. Im Gegenteil: Durch die Möglichkeit des Denkens und des bewußten Handelns haben wir uns die Bürde der Verantwortung auferlegt, das Gleichgewicht der Erde zu erhalten, ja die Entwicklung *unseres* Planeten sogar zu fördern. Aus diesem Bewußtsein heraus ist es unsere Aufgabe, mit unserem Verstand, unserem Gefühl und unserem Herzen für die Erd-Familie zu handeln.

Wir haben nicht das Recht, unsere Bedürfnisse auf Kosten der Erde zu befriedigen. Das konsumorientierte Handeln, das in den Industrienationen vorherrscht, wird auf dem Rücken der Gesundheit der Erde ausgetragen. Durch Eingriffe in die Natur erschafft der Mensch Verhältnisse auf diesem Planeten, die teilweise nicht mehr rückgängig zu machen sind. Denken wir dabei nur an die Gen-Technik, die ganz neue Arten von Lebewesen kreiert, deren Wirkung auf das Leben nicht abzusehen sind. Der Mensch schädigt durch seine egozentrierte Lebensweise die harmonische Struktur der Erde und beraubt sich dadurch mehr und mehr seiner eigenen Daseinsberechtigung.

Wie dringend eine Bewußtseinsänderung von seiten der Menschheit hin zu einer harmonischen Lebensweise im Einklang mit der Erde wäre, zeigen folgende Fakten:

Die Artenvielfalt und Qualität der meisten Ökosysteme befinden sich laut *WWF* (World Wide Fund for Nature) weltweit im freien Fall. Die Erde verlor seit 1970 ein Drittel ihrer ökologischen Schätze. Der WWF-Vizedirektor Jorgen Randers sagt, daß die letzten drei Jahrzehnte die zerstörerischsten Jahre seit dem Aussterben der Saurier waren. In nur einer Generation zerstörte die Menschheit über 30 Prozent ihrer natürlichen Umwelt. Seit 1970 ging zehn Prozent der Wälder verloren – zum größten Teil in den Tropen. Man geht davon aus, daß dort der Artenschwund noch höher liegt. Die Bestände der Meerestiere wurden durch Verschmutzung der Gewässer und Überfischung um 30 Prozent dezimiert. Der Verlust an Süßwasser-Biotopen (Flüsse, Seen, Feuchtgebiete) läßt sich auf 50 Prozent beziffern.[1] Diese Zahlen drücken aus, in welch gravierend schlechtem Zustand sich die Erde samt ihrer Lebewesen befindet.

Von seiten der Politik kann kaum ein Richtungswandel erwartet werden, da dort auf Grund der Abwesenheit einer ganzheitlichen Denkweise nur eine symptomhafte Behandlung der Umweltprobleme stattfindet. Es liegt daher an der Bevölkerung, sprich an uns selbst, entschieden gegen den Raubbau, der an der Erde begangen wird, und für die Gesundung der Umwelt einzutreten. Verlassen wir uns allein auf die Politiker, im Vertrauen darauf, daß sie die Umweltkrisen in den Griff bekommen, so gleicht das dem Vorhaben, bei einer akuten Verstopfung einen Arzt aufzusuchen und ihn zu bitten, uns eine Pille dagegen zu verschreiben. Diese Tablette kann zwar die Symptome der Verstopfung beseitigen, doch längerfristig besteht für unsere Gesundheit der Bedarf, die Ursachen, wie zum Beispiel Bewegungsmangel oder ballaststoffarme Ernährung, zu beheben. Wir haben die gesundheitliche Störung selbst verursacht. Daher können auch nur wir selbst sie ursächlich beheben. Der Arzt kann dabei unterstützend wirken, aber nicht heilend.

Im Einklang mit der Natur

Wenn wir heilend auf die Natur einwirken wollen, geht es nicht darum, Verhältnisse zu schaffen, wie sie in der Steinzeit vorlagen, das heißt, sämtliche Errungenschaften der modernen Gegenwart abzulehnen. Fortschritt und Technologien können bei einer erd-heilungsbetonten Lebensweise weiterhin betrieben werden, allerdings im Einklang *mit* der Natur und zur *Erhaltung* allen Lebens auf der Erde. Bei der Energiegewinnung hieße dies die Förderung von sanften Energien, erzeugt von Wasser, Wind und Sonne, sowie die Abschaffung der atomaren Energie, die nach wie vor einer der größten Risikofaktoren für den Fortbestand der Erde ist. Fortschritt und Zivilisation der Menschheit bedeuten aus erd-heilender Sicht, daß der Mensch zu einer Zusammenarbeit mit der Natur findet, um das Leben auf der Erde zu erhalten. Die Kunst wird sein, Technik und Fortschritt, die als solche nicht als negativ anzusehen sind, so zu konzipieren, daß diese *für* und nicht gegen die Natur gerichtet sind.

Mahnende Prophezeiungen der Hopi

Die Aufgabe der Menschheit ist, das Wissen um die Erhaltung der Erde in Einklang mit den existentiell notwendigen Bedürfnissen zu bringen, das heißt, eine auf Konsum ausgerichtete Lebenshaltung, welche auf Kosten der Umwelt geht, gegen eine Lebensführung einzutauschen, bei der die Erde als heilig angesehen wird. Wir sollten uns darüber im klaren sein, daß wir bei diesem Wandel nicht auf etwas verzichten müssen oder dabei etwas verlieren, sondern daß wir im Gegenzug an innerem Reichtum und Harmonie gewinnen.

Stellt sich dieser Lebenswandel nicht aus einer inneren Einsicht heraus ein, so werden äußere Umstände uns zu einer Änderung zwingen. Dies sagen zum Beispiel auch die Prophezeiungen der in Arizona lebenden nordamerikanischen Ureinwohner, der Hopi.

Nicht von ungefähr kommt es in den letzten Jahren immer mehr zu Katastrophen wie Überschwemmungen, Erdbeben und Hurrikans. So richtete etwa der Hurrikan *Mitch* im Herbst 1998 in Mittelamerika verheerende Schäden an. Rund 20 000 Menschen kamen in Honduras, El Salvador, Guatemala und Nicaragua ums Leben. Zwei Millionen Menschen verloren Haus und Besitz. Auch zahllose Tiere verendeten, Pflanzen wurden zerstört. Mehr als 60 Prozent der Infrastruktur von Honduras wurde durch den Hurrikan vernichtet. Die Entwicklung dieses Landes wurde um mehr als 50 Jahre zurückgeworfen.

Dies sind ernst zu nehmende Zeichen der Erde, an die Menschheit gerichtet, sich zu besinnen und wieder im Einklang mit der *großen Familie* zu leben.

Halten wir uns vor Augen, daß verlorengegangene Baum-, Pflanzen- und Tierarten unwiderruflich die Erde verlassen haben. Wir dürfen sie als mahnende Beispiele in Erinnerung behalten, um das, was noch von der Schöpfung übriggeblieben ist, zu ehren und zu bewahren. Das Wissen um die Urgesetze der Schöpfung ist uns noch nicht ganz abhanden gekommen. Noch gibt es auf der Erde Völker und Stämme, die dieses Wissen in sich tragen. Es ist an der Zeit, sie um Rat zu fragen – nach Lösungen, wie die Menschheit wieder zurück zu ihren Wurzeln findet, um im Einklang mit der Erde zu leben.

Ein Spiegelbild unserer Verfassung

Die Erdoberfläche, auf der wir leben, ist in Wirklichkeit ein Teil von uns selbst, genau wie auch unsere inneren Organe ein Teil von uns selbst sind. Wir sind der Baum, die See, der Grashalm. Das, was wir im Außen sehen, ist auch in unserem Innern enthalten. Der Zustand der Erde ist nur ein Spiegelbild unserer Verfassung.

Ebenso wie die Erde werden auch die Menschen immer kränker. Die Naturkatastrophen auf diesem Planeten geben uns die Möglichkeit, unsere innere Zerrissenheit zu erkennen, diese zu beheben und dadurch gesund zu werden. Die in den

Industrienationen praktizierte Massentierhaltung, das Eingepferchtsein der Tiere spiegelt unsere eigene Unfreiheit wider. Das Wirken an der Gesundung der Natur bedeutet daher auch eine Stärkung des eigenen Heilungsprozesses. Arbeiten wir an dem Heil-Sein unseres Körpers, unseres Geistes und unserer Seele, so bedeutet dies auch die Unterstützung der Heilungsprozesse der Erde. Beides bedingt sich gegenseitig.

Der Mensch – Teil eines Ganzen

Die Menschheit ist Teil eines Ganzen – nämlich der Erd-Familie. Die einzelnen Mitglieder dieser Gemeinschaft können mit den menschlichen Organen verglichen werden, die zusammen ebenfalls als ein gemeinsames Ganzes den menschlichen Körper ausmachen. Schädigen wir einen Teil der Gemeinschaft Mensch, zum Beispiel den Magen, durch Streß, so wird dadurch die Gesundheit des Ganzen gefährdet und auch andere Teile der *Gemeinschaft Mensch* werden in Mitleidenschaft gezogen. Die besten Medikamente werden längerfristig nicht helfen, die Magenstörung zu beheben, wenn wir nicht deren Ursache, in diesem Beispiel den Streß, erkannt haben und damit umzugehen lernen. Das läßt sich auch auf die Gemeinschaft der Erd-Familie übertragen. Je mehr Raubbau an den einzelnen Mitgliedern der Erd-Familie, wie dem Meer, der Luft und dem Boden, die mit den Organen des Menschen vergleichbar sind, betrieben wird, um so stärker wird auch die Großgemeinschaft geschädigt.

Was passiert, wenn ein Teil der Gemeinschaft eigene Wege geht, läßt sich am Beispiel der Krebszelle erklären. Irgendwann einmal hat sich eine Zelle entschieden, ohne Rücksicht auf ihre *Familienmitglieder* – die umliegenden Organe – ihren eigenen Weg zu gehen. Sie vermehrt sich ständig durch Teilung, bis irgendwann der Platz, auf dem sie lebt, nicht mehr ausreicht. Die Krebszellen breiten sich immer weiter aus, bedenken aber nicht, daß durch ihre Wucherung der Lebensraum der umliegenden Organe dermaßen gestört wird, daß diese nach und nach in Mitleidenschaft gezogen werden. Es kann durch das bedenkenlose Wachstum der Krebszellen schließlich soweit kommen, daß die *Großfamilie Mensch* stirbt. Was die Krebszellen allerdings nicht bedenken können, ist, daß durch den Tod des Gesamtsystems Mensch auch ihr eigener Untergang besiegelt ist. Die Fähigkeit, das Prinzip der *Großfamilie Mensch* zu erkennen, ist der Krebszelle nicht eigen. Wäre dies der Fall, würde sie sicherlich anders handeln.

Ein Teil der Menschheit läßt sich mit der egoistisch wuchernden Krebszelle vergleichen. Diese Menschen breiten sich aus, denken dabei konsumorientiert nur an die eigenen Bedürfnisse, ohne Rücksicht auf die Erd-Familienmitglieder zu nehmen. Sie schädigen die umliegenden *Organe* wie die Luft, den Boden oder die Artenvielfalt der Pflanzen und Tiere. Der Unterschied zwischen der Krebszelle und den Menschen ist, daß wir uns bewußt machen können, daß wir mit einer umweltzerstörenden Lebensweise unsere Umwelt und somit auch uns selbst existentiell bedrohen.

Nicht der Mensch steht im Mittelpunkt

Begehen wir jedoch nicht den Fehler, aus einer menschenzentrierten Sichtweise heraus die Gesundheit der Erde zu fördern, um einzig und allein das Überleben der Menschheit im Vordergrund zu sehen. Diese egozentrische Einstellung paßt nicht mehr in ein Zeitalter, in dem das globale Denken im Mittelpunkt steht. Wir sind nur ein winziges Sandkorn im Vergleich zu dem großen Ganzen, dem wir angehören. Eine erdheilend ausgerichtete Lebensweise hat primär nicht das Wohlergehen der kleinen Teilchen im Sinne, sondern die Gesundheit des Ganzen – der Erd-Familie. Erst wenn der Makrokosmos intakt ist, kann auch der Mikrokosmos in Harmonie leben. Wenn wir als Mikrokosmos Mensch in Harmonie leben, bedeutet das genauso auch die Förderung der Gesundheit des Makrokosmos, in diesem Fall der Erde. Beides bedingt sich gegenseitig. Aus der Harmonie im kleinen entsteht Wohlbefinden im großen und umgekehrt.

Ein neues Zeitalter ist angebrochen, das geprägt ist von einer modernen Denkweise, die das Verständnis beinhaltet, sich den Urgesetzen des familiären Prinzips Erde einzugliedern.

Hüter der Erde

Wenn wir den Platz, auf dem wir leben, achten und respektieren, so werden wir ihn so behandeln, daß er auch in der Zukunft von unseren Nachfahren bewohnbar sein wird. Dieser Platz ist im kleinen gesehen unsere Unterkunft. Global gesehen ist der gesamte Planet unser Heim. Fangen wir an, aus diesem Bewußtsein heraus zu leben, so beginnen wir an unserer Kollektiv-Aufgabe zu arbeiten, nämlich die Hüter der Erde zu sein. Um dieser Aufgabe gerecht zu werden, bedarf es keiner aufwendigen und spektakulären Aktionen. Pflegen wir den Platz, auf dem wir leben, begegnen wir ihm mit Respekt und Liebe, so ist damit schon vieles erreicht. Je mehr Menschen damit anfangen, der Natur in unmittelbarer Nähe etwas Gutes zu tun, um so stärker wirkt sich die heilende Wirkung auf die gesamte Erde aus.

Dies ist mit einem erkrankten Menschen zu vergleichen. Je größer die Zuwendung ist, die er von seinen Mitmenschen erfährt, um so schneller schreitet in den meisten Fällen seine Gesundung voran. Dieser Zuwendung wohnt eine Kraft inne, die nicht von medizinischen Apparaten oder Pillen erreicht werden kann. Solche Errungenschaften des Fortschritts können zwar die Symptome oder auch Schmerzen lindern, doch heilen kann der Mensch sich nur selbst, aus eigener Kraft heraus. Eine wirksame Unterstützung kommt dabei von seiten der Familie und von Freunden, die einem in schweren Zeiten mit ihrem Mitgefühl und ihrer Liebe zur Seite stehen. Dieses gilt genauso für die Patientin Erde, die den Beistand ihrer gesamten Familie benötigt.

Die Denkweise der Ureinwohner

Die Antworten auf die fortschreitende Umweltzerstörung und gesundheitliche Störung der Erde können nicht in dem Denkgebäude stattfinden, welches den Raubbau heraufbeschworen hat. Wer denkt, daß alleine eine Aufforstung der geschlagenen Wälder, eine Wiederherstellung der natürlichen Läufe von ehemals begradigten Flüssen, ein Verbot von FCKW-haltigen

Kühlschränken, eine Stillegung sämtlicher Atomkraftwerke ausreicht, um die Erde zur Gesundung zu führen, der irrt sich.

Eine wesentliche Antwort auf die fortlaufende Umweltzerstörung kann nur von Menschen kommen, die in Unabhängigkeit von den denaturierten Gedankenstrukturen leben, die in den Industrienationen dominieren, mit einer Denkweise, die im wahrsten Sinne des Wortes frei und ungebunden ist. Über dieses Wissen verfügen die Ureinwohner der Erde, die australischen Aborigines, die traditionell lebenden Bewohner Amerikas, wie zum Beispiel die Hopi, oder die afrikanischen Schamanen. Fragt man die Naturvölker nach Lösungsmöglichkeiten für die Gesundung der Erde, so erhält man oft als Antwort, daß die Menschen damit anfangen müssen, Mutter Erde als heilig anzusehen. Entsprechend pflegen verschiedene Ureinwohner dieses Planeten Rituale, die eine solche Lebenshaltung ausdrücken.

Besinnen wir uns auf das, was uns die traditionellen Naturvölker vorleben, so werden sich nach und nach der Boden, die Gewässer, die Atmosphäre, die Tier- und Pflanzenwelt regenerieren.[2]

Den Körper wahrnehmen

Um ein Bewußtsein dafür zu bekommen, warum es notwendig ist, heilend auf die Natur einzuwirken, ist es grundlegend wichtig, an der eigenen Persönlichkeit zu arbeiten. Das beinhaltet zum Beispiel auch, unseren Körper bewußt zu spüren, um darauf aufbauend auch den Leib der Erde wahrzunehmen. Dazu empfiehlt es sich, Kontakt zur eigenen Mitte aufzunehmen, zum Beispiel durch Meditation. Ist dies geschehen, so kann man beginnen, sich mit dem Körper und der Seele der Erde zu verbinden. Dazu bietet sich folgende Übung an:

Übung zur Erdung

Um sich mit der Energie der Erde zu verbinden, begeben Sie sich an einen Platz in der Natur, an dem Sie ungestört sein können. Nachdem Sie Schuhe und Strümpfe ausgezogen haben, stellen Sie sich entspannt auf den Boden, die Beine leicht gespreizt. Atmen Sie jetzt einige Male tief durch, und versuchen Sie den Kontakt zwischen Ihren Fußsohlen und der Erde zu spüren. Versuchen Sie nach und nach eins zu werden mit der Erde. Nehmen Sie wahr, wie Ihnen Mutter Erde Geborgenheit und Vertrauen vermittelt. Machen Sie sich die aufbauende und zentrierende Kraft der Erde bewußt, die Ihnen Standfestigkeit in allen Lebenslagen vermittelt. Stellen Sie sich nun vor, wie Wurzeln aus Ihren Füßen sich in die Erde winden. Bei jedem Einatmen nehmen Sie die Erd-Energie über diese Wurzeln auf. Beim Ausatmen lassen Sie Ihren Dank und Ihre Liebe für die Erde in den Boden fließen. Führen Sie diese Übung einige Minuten lang aus. Zum Abschluß verankern Sie die Energie der Erde, die Sie fortan begleiten wird, in Ihrem Innern.

Die Erde lebt

Wenn ich mich draußen in der Natur aufhalte, mich auf den Boden lege und den Pulsschlag der Erde fühle, wenn ich an der See stehe und mir die Frische des Windes entgegenweht und die Tiefe des Meeres zu mir spricht, dann weiß ich, daß der Planet, auf dem wir leben und den wir fälschlicherweise oft als »unseren« Planeten bezeichnen, nicht fest und starr ist. Die Erde ist ein Lebewesen. Sie atmet, pulsiert und trägt auch Gefühle in sich, genau wie wir Menschen und alle anderen Arten der Schöpfung.
Manchmal, wenn ich im Regen stehe, frage ich mich, ob das, was auf mich vom Himmel niederprasselt, nicht Tränen sind. Der vietnamesische Mönch Thich Nath Hanh sagte einmal, daß wir lernen dürfen, die Erde in uns weinen zu hören. Vielleicht will uns die Erde mit ihrem Regen – ihren Tränen – ihre Trauer darüber, was mit ihr geschieht, näherbringen?

Wenn ich mich einem alten Baum nähere, so scheint es mir oft, daß er mir mit seinen Zweigen und Blättern freundschaftlich zuwinkt und mich einlädt, ein wenig bei ihm zu verweilen. Ich nehme dann die Einladung dankend an – setze mich unter ihn, lehne mich an und spüre unsere tiefe in-

nere Verbindung. Es ist, als ob sich zwei Freunde treffen, um schweigend beieinander zu sitzen und sich wortlos, aber doch verstehend auszutauschen. Diese Freundschaft benötigt keine für das Menschenohr verständliche Sprache. Ein übereingekommenes Wissen über die Gleichgesinntheit zweier Freunde läßt uns zusammen verweilen. Dabei empfinde ich eine tiefe Verbundenheit mit den Baum. Es ist dann, als ob von dem knorrigen Gebilde eine tiefe Dankbarkeit für mein Zeithaben ausgeht. Diese Augenblicke geben mir die Gewißheit, daß der Planet, auf dem wir leben, ein Innenleben hat, daß er ein großes Maß an Weisheit ausstrahlt. Auch wenn es nicht wissenschaftlich beweisbar oder rational nachvollziehbar ist, daß die Erde ein lebendiges Wesen ist, welches denken, fühlen, handeln und sich äußern kann – so spüre ich doch, daß dies so ist.

---

*Das, was der entwurzelte Mensch
seinen Nachfahren hinterläßt, ist Materielles:
Autos, Geld, Waschmaschinen, Fernseher.
Der Erdverbundene vermacht seinen Verwandten
eine Umwelt, in der sie leben können:
intakte Wälder, Täler, Flüsse und Seen.*

Die vier Elemente

Die Anwesenheit der vier Elemente Feuer, Erde, Wasser und Luft, die wir in der Natur in der Sonne, dem Boden, den Gewässern und dem Wind vorfinden, bildet die Grundlage für sämtliches Leben auf der Erde. Jedes einzelne dieser Elemente wie auch deren harmonisches Zusammenspiel erfüllt ganz bestimmte Aufgaben, deren Einhaltung Grundvoraussetzung für die Existenz des Lebens ist.

Die Wichtigkeit der Elemente läßt sich sehr gut am Beispiel des Pflanzenwachstums erkennen. Das Sonnenlicht ist grundlegend notwendig, damit sich der Wachstumsprozeß der Pflanze entfaltet. Ohne Mineralstoffe aus dem Erdboden könnte sich eine Pflanze nicht entwickeln. Ohne das Luftelement (in Form von Kohlendioxyd) kann sie genauso wenig existieren wie ohne Wasser, das ihr als Lebenselixier dient.

Ein harmonisches Zusammenspiel der Menschheit mit den Elementen Feuer, Erde, Wasser und Luft bildet die Grundlage der Gesundung von Mutter Erde.

Leben wir im Einklang mit den vier Elementen, so wirkt sich dies harmonisierend auf unsere persönliche Entwicklung wie auch auf die Gesundung der Erde aus. Die vier Elemente befinden sich urtümlich im Zustand des Gleichgewichts und bilden ein in sich geschlossenes, sich gegenseitig ergänzendes, lebendiges System. Wird eines der Elemente gestört, so wirkt sich dies auch schädigend auf das gesamte Elementesystem aus. Die Schädigung der einzelnen Elemente sowie die Störung ihres gemeinsamen Systems hat für jegliches Leben auf der Erde fatale Folgen. Die zunehmenden Umweltkatastrophen der letzten Jahre wie Erdbeben, extreme Klimaschwankungen und damit verbundene Hochwasserkatastrophen, Wirbelstürme und Hurrikans, die Ausbreitung von Steppenlandschaften sowie Waldbrände zeugen davon, daß das Lebenssystem der Elemente immer mehr aus dem Gleichgewicht gerät. Gleichzeitig mahnen uns die Umweltkatastrophen von unserem erdschädigenden Handeln abzulassen und im Einklang mit dem Feuer, dem Wasser, der Erde und der Luft zu leben. Eine Zeit ist angebrochen, in der wir wieder damit anfangen, auf die Zeichen der Erde zu hören und von ihnen zu lernen.

Je mehr wir uns den Kräften der vier Elemente öffnen und im Einklang mit ihnen leben, desto stärker fördern wir die Gesundheit der Erde, was sich wiederum auf die einzelnen Individuen positiv auswirkt. Wenn wir ein Leben in Verbundenheit mit dem Wasser, der Erde, dem Feuer und der Luft führen, lehren uns die Elemente ihre Weisheiten.

Wasser

Nichts auf der Welt ist weicher als Wasser,
aber im Besiegen des Harten
kommt nichts diesem gleich.
LAOTSE

Wasser ist für das Leben auf der Erde unentbehrlich. Können wir uns ein Leben ohne Bäche, Flüsse, Seen und Meere vorstellen? Wie trostlos wäre die Erde ohne sie. Die meisten Lebewesen dieses Planeten könnten in ihrer jetzigen Form ohne das flüssige Element nicht existieren.

Wasser wirkt ausgleichend, denn ohne Wasser in der Atmosphäre, ohne die Meere und Seen gäbe es starke Temperaturschwankungen. Ein beträchtlicher Teil der Sonnenenergie wird zur Verdunstung von Wasser genutzt. Durch diesen Vorgang bilden sich Wolken, die wiederum in Regen umgesetzt werden und die Meere füllen. Zudem bildet das harmonische Gleichgewicht zwischen kalt und warm, an dem das Element Wasser in großem Maße beteiligt ist, die Voraussetzung für die Existenz vieler Lebensräume.

Dies sind Gründe genug, dem Element Wasser in Achtung und Respekt zu begegnen. Sei es im kleinen, im häuslichen Bereich, wie auch im großen, bei der industriellen Nutzung von Seen und Meeren, wie zum Beispiel in der Fischerei. Doch die Realität sieht meist anders aus:

Die Wasserressourcen der Erde

Laut einer Weltbankstatistik leiden heute Menschen aus gut 80 Ländern, in denen etwa 40 Prozent der Weltbevölkerung leben, unter chronischem Wassermangel. Besonders in den sogenannten Dritte-Welt-Staaten bilden die begrenzten Wasserressourcen vieler Gebiete die größte Hürde für die landwirtschaftliche Produktion. Die Sicherheit, daß Menschen in Südostasien, Zentralafrika und Lateinamerika ausreichend mit Wasser versorgt werden, steht längerfristig gesehen auf sehr wackeligen Beinen und ist heutzutage schon stark beeinträchtigt. Großen Anteil an der Wasserknappheit hat nicht zuletzt die Abholzungsindustrie, die an den Regenwäldern Raubbau betreibt.

In der Tat haben die uralten Baumriesen der Regenwälder einen großen Anteil daran, daß der Wasserkreislauf auf der Erde im Gleichgewicht bleibt. Sie speichern über die Hälfte der weltweiten Niederschläge. Die Bäume des Regenwaldes saugen wie riesige Schwämme die Feuchtigkeit aus der Atmosphäre auf und geben sie anschließend wieder in die Luft ab. Der tropische Regenwald ist in der Lage, fast fünfmal mehr an Niederschlagsmengen aufzunehmen als dies die Wälder in den gemäßigten Breiten vermögen. Mehr als die Hälfte des in den Blättern gespeicherten Wassers wird als Wasserdampf wieder in die Atmosphäre abgegeben und erneut in Regen umgewandelt.[3]

Der tropische Regenwald erschafft nicht nur sein eigenes feuchtheißes Klima, er beeinflußt auch das Klima in einem Umkreis von Tausenden von Kilometern. Die Wolken, die das kondensierte Wasser gespeichert haben, ziehen in die gemäßigten Breiten und laden sich dort ab. Die Abholzung der Regenwälder bewirkt, daß die Niederschlagsmenge auf der Erde zurückgeht und es mehr und mehr zur Versteppung kommt.

Das Roden der Wälder bedeutet aber auch ganz zentral für die Menschen, die in der Nähe der Rodungsplätze leben, eine Minderung ihrer Wasserreserven. Die Entwaldung und die damit verbundene Entwurzelung des Bodens hat für den Wasserkreislauf gravierende Folgen. Sie bewirkt einen drastischen Rückgang der Niederschläge über den gerodeten Flächen und in den angrenzenden Gebieten. In einigen Ländern führt die Rodung der Wälder mit den damit verbundenen Auswirkungen, wie der Wasserknappheit, zu einer unfreiwilligen Völkerwanderung, bei der sich die Betroffenen aufmachen, um Gebiete aufzusuchen, die von der Trockenheit verschont blieben.

Doch nicht nur der fortlaufende Abbau der Wasserressourcen beeinträchtigt längerfristig gesehen das Gleichgewicht der Erde:

Die Verschmutzung der Meere

Heutzutage werden die Abwässer von etwa 39 Millionen Menschen aus den Nordsee-Anliegerstaaten ungereinigt in die Nordsee und in die angrenzenden Flüsse eingeleitet. Jährlich gelangen rund 1,6 Millionen Tonnen Stickstoff sowie 56 000 Tonnen Phosphor in die Nordsee. Diese Substanzen stammen überwiegend aus kommunalen Kläranlagen und überdüngten landwirtschaftlichen Feldern. Die Nordsee muß unter anderem auch jährlich mehrere Tausend Tonnen Zink, Kupfer und Blei schlucken.

Nicht nur die aufgeführten Chemikalien und Schwermetalle belasten das Gleichgewicht der Nordsee: Aus den drei europäischen atomaren Wiederaufbereitungsanlagen in *La Hague* (Frankreich), *Dounray* (Schottland) sowie *Sellafield* (England) fließen radioaktiv verseuchte Abwässer in die Nordsee. Die radioaktiven Teilchen lagern sich im Sediment und am Strand ab und gelangen von dort in unsere Nahrungskette. Von *Greenpeace* im Juni 1997 ausgeführte Messungen rund um das Wasserrohr der Wiederaufbereitungsanlage *La Hague* haben ergeben, daß die Strahlenbelastung im Meeresbogen rund um das Wasserrohr Höchstwerte erreichte. Im Sediment wurden 146 000 Becquerel Cobalt-60 pro Kilogramm gemessen. Diese Proben enthielten – zum Vergleich – zehntausendmal mehr Radioaktivität als verseuchte Fische in Stauseen in der Nähe von Kiew nach dem Supergau von Tschernobyl 1986.[4]

Doch nicht nur das Wasser selbst ist durch die fortlaufende Umweltverschmutzung in Mitleidenschaft gezogen. Durch die Verschmutzung der Meere und den stetig steigenden Nahrungsbedarf der Menschen nimmt die Zahl der Lebewesen, die in den Gewässern leben, rapide ab. Viele Arten sind mittlerweile vom Aussterben bedroht.

Bereits 1990 veröffentlichte der *WWF* (World Wide Fund for Nature) *Kanada* eine Studie über Störungen des hormonellen Gleichgewichts und der Fortpflanzungsfähigkeit bei 16 Tierarten des Gebiets der großen Seen in den USA. Bei den betroffenen Tierarten, wie den Belugawalen, Forellen, Nerzen, Schildkröten und Möwen, wurden erhöhte Konzentrationen von Pestiziden und Industriechemikalien festgestellt. Auch Säugetiere und Reptilien hatten unter Mißbildungen und Störungen des Stoffwechsels, des Verhaltens und der Fortpflanzungsfähigkeit zu leiden.[5]

Recherchen der UN-Welternährungsorganisation *FAO* besagen, daß weltweit etwa zwei Drittel der Bestände an Grund- und Hochseefischen, Krustentieren (Langusten) und Weichtieren (Muscheln, Tintenfische) überfischt sind. Der Schellfisch ist vor Neuenglands Küste so gut wie verschwunden. Zur Rarität sind im Mittelmeer der Schwertfisch, im Nordmeer der Hering und an der nordamerikanischen Westküste der Lachs, der Heilbutt und die Königskrabbe geworden.[6]

Auch in der Nordsee sind die meisten Speisefischarten überfischt. Bei Kabeljau, Hering, Scholle und Makrele wird befürchtet, daß ihr Bestand so stark reduziert wurde, daß sie sich nicht mehr ausreichend fortpflanzen können. In der deutschen Nord- und Ostsee gelten 38 Prozent der heimischen Fischarten als gefährdet oder gar ausgestorben.[7]

Industrielle Fischerei

Schwere Grundschleppnetze durchpflügen zwei- bis dreimal pro Jahr den Meeresboden der südlichen Nordsee. Dadurch werden im Sediment lebende Arten freigedeckt und auf dem Sediment lebende Arten zugeschüttet. Dabei sterben neben den Fischen auch zahlreiche Seeigel, Krebse und Muscheln. Das hat zur Folge, daß sich das Artenspektrum in der See verschiebt. Häufig bleiben nur die hartgesottenen Aasfresser am Leben. Die industrielle Fischerei führt durch ihre intensiven Fangmethoden dazu, daß das Ökosystem Nordsee verarmt und vollkommen durcheinander gebracht wird.

Laut *Greenpeace* werden auch Meeressäugetiere Opfer der industriellen Fischerei. Durch das industrielle Fischen von Kabeljau und Steinbutt sterben jährlich über 10 000 Schweinswale, die aufgrund dessen, daß sie Säugetiere und keine Fische sind, jämmerlich in den Treibnetzen ertrinken. Auch Vögel sind von der industriellen Fischerei betroffen. In der Zeit zwischen 1982 und 1988 verendeten im Kattegat 25 000 Trottellummen (Seevögel) durch das Fischen mit Stellnetzen.[8]

Auswirkungen auf die Nahrungskette

Die weltweite Dezimierung des Fischbestands durch die industrielle Fischerei hat gravierende Auswirkungen auf die gesamte Nahrungskette der Meere. So verlieren zum Beispiel Seevögel und Robben durch die Überfischung ihre Nahrungsgrundlage. Ein Mangel an Sandaalen führte in den 80er Jahren zu einem Massensterben bei Jungvögeln in den Seevogelkolonien auf den Shetland Inseln. Tausende von ihnen verhungerten in den Nestern, weil die Eltern nicht mehr genügend Nahrung für sie fanden.

Nach der starken Dezimierung der Heringsbestände halbierten sich im norwegischen Rost die Brutkolonien von Papageientauchern. In Nordnorwegen schrumpfte der Brutbestand von Lummen (Schwimm- und Tauchvögel) als Folge der Überfischung von Lodden (Kleinfische) und Heringen in der Barentsee (südöstlich von Spitzbergen) auf ein Zehntel. Dies löste aus, daß Tausende von hungernden Robben nach Süden in die norwegische See hinauszogen. Viele von ihnen endeten in den Netzen der Fischer und ertranken.[9]

Großmutter Wasser

Ich bin weit gelaufen, viele Meilen. Ich habe lange gesucht, viele Jahre meines Lebens. Ich öffnete meine Ohren für Dinge, die wichtig erschienen. Ich schulte meine Intuition, um zu erkennen, was wahr ist im Leben. All das tat ich, um herauszufinden, was den Sinn meines Daseins ausmacht. Und jetzt fühle ich, daß ich am Ende meiner Reise angelangt bin.

Hier, wo all die Fragen und Antworten zusammenführen, um in der Quelle zu münden.
Hinter mir sehe ich meine Fußstapfen. Sie enden an dem Platz, auf dem ich nun sitze. Von hier aus geht es nicht mehr weiter – denn vor mir liegt das Meer. Es tut sich unendlich weit vor mir auf. Die Botschafter der Gewässer, die Möwen, kreisen weit oben in der Luft. Wellen kräuseln sich in endlosen Formen. Sie sind die Schriften, die das Urwissen des Planeten in sich tragen. Es riecht nach Tang und Algen. Mir kommt es vor, als wenn der Geruch mich aufforderte loszulassen. Loszulassen von meinen Erfahrungen, von dem, was ich Eigentum nenne, von meiner Identität.
All die Bücher, die ich gelesen habe, all die Gespräche, die geführt wurden, all das Wissen, das ich ansammelte, all das ist vergessen. Die Antwort auf die Frage nach dem Sinn meines Seins ist geborgen in der Weite des Meeres. Ich weiß nun, daß ich nicht mehr handeln, nicht mehr forschen muß, denn ich bin am Ziel angelangt. Eine tiefe Zufriedenheit macht sich in mir breit. Ich spüre, jetzt dem Ziel ganz nahe zu sein. Je mehr sich mein Verstand zurücknimmt, desto greifbarer wird das, was das Meer mir zeigen möchte. Mein Geist gibt nach, er streckt die Waffen und gibt den Kampf gegen die imaginären Mühlen des Windes auf. Meine Seele läßt zu, daß ich mich mehr und mehr in die Klarheit der Meditation zurückziehe. Das Wasser und ich sind eins, getragen und behütet vom Geist der Erde.

Ich spüre, wie der feine Sand des Strandes meine Zehen kitzelt. Wie lange ich meditierend versunken war, läßt sich nicht sagen und ist auch nicht von Wichtigkeit. Ich schaue hinaus auf das Meer. Die Wellen treiben ihr Spiel, so als ob es nie eine Veränderung gegeben hat. Dankbarkeit steigt in mir auf und formt sich zu Worten:
Großmutter Wasser, ich danke Dir dafür, daß Du Dich den Menschen und all den anderen Geschöpfen der Erde Tag für Tag hingibst und unseren Durst stillst. Wir bestehen zum größten Teil aus Flüssigkeit und tragen daher Deinen Geist in uns. Wenn wir uns gegen Dich richten und die Meere, Seen und

Flüsse zerstören, so wenden wir uns gegen uns selbst. Wir benötigen noch ein wenig Zeit, damit dieses Wissen, das in unserem Unterbewußtsein schlummert, wieder belebt wird.
Ich weiß, Großmutter Wasser, daß Dich keine Macht der Welt aufhalten kann. Du löschst das Feuer, spülst weiche Erde fort und wenn Du auf steinigen Grund triffst, suchst Du Wege, ihn zu umgehen. Auch wenn wir Dich ausbeuten und beschmutzen – besiegen werden wir Dich nie. Deine Macht ist zu stark und unbeugsam.
Großmutter Wasser, habe Geduld mit uns und verzeihe uns das, was wir Dir und Deinen Mitbewohnern antun. Gib uns die Chance aus unseren Fehlern zu lernen und es in Zukunft besser zu machen, so daß unsere Kinder und Enkelkinder nicht in Scham auf uns zurückblicken. Lasse uns Anteil haben an Deiner Weisheit, Deiner Tiefe und Deiner erfrischenden, heilenden Kraft. Streife uns mit Deinem uralten Wissen aus längst vergangenen Zeiten und zeige uns, wie es möglich ist, im Einklang mit allem zu leben.
Dies ist meine Bitte an Dich, Großmutter Wasser.

Erde

Die Erde ist Mutter des Lebens,
das es auf der Erde gibt.
Nach der Weise der Natur,
nach der Weise der Schöpfung,
ist sie Mutter allen Lebens auf der Erde.
Mutter Erde folgt der Weise der Schöpfung,
und darum gibt sie Leben.
SOTSISOWAH – JOHN MOHAWK

Vielen kommt es wahrscheinlich als eine Selbstverständlichkeit vor, daß wir uns tagtäglich auf der Erde bewegen, auf ihr stehen, sitzen oder liegen. Doch stellen wir uns einmal vor, was wäre, wenn es keine Erdoberfläche mehr geben würde. Wir würden einfach ins Nichts, in den leeren Raum fallen und könnten in der jetzigen Form nicht existieren.

Die Erde schenkt uns den Reichtum ihrer Schätze, die für alle Geschöpfe, die auf und mit ihr leben, existenziell wichtig sind.

Es ist nicht selbstverständlich, daß die Milliarden Menschen Tag für Tag Dinge nutzen, wie zum Beispiel Erdöl, Metalle, pflanzliche Naturalien als Kleidung (Baumwolle) und Nahrung (Obst, Gemüse), die der Erde entnommen werden. Grund genug, Mutter Erde und ihre Botschafter, die Bäume, als etwas ganz Besonderes anzusehen und einen Umgang mit ihr in entsprechend respektvoller und dankbarer Haltung zu pflegen.

Der Wald

Der Wald ist einer der am höchsten entwickeltsten Lebensräume auf diesem Planeten. Er dient Mikroorganismen, der Flora und Fauna wie auch den Menschen als Lebensraum. Sie alle leben in den vielfältigsten Variationen und Beziehungen im Wald und machen im Miteinander einen großen, in sich intakten Organismus aus, der sich aus sich selbst heraus im Gleichgewicht hält. Der größte Artenreichtum der Erde ist in den Urwäldern anzutreffen. Die Zahl der dortigen Pflanzen- und Tierarten wird von Experten auf 30 bis 50 Millionen geschätzt. Mehr als die Hälfte davon kommt in den tropischen Regenwäldern vor. Bis zum heutigen Tag wurde nur ein Bruchteil dieser Artenvielfalt erforscht.

Wälder reinigen die Luft

Solange das Gleichgewicht des Waldes intakt ist, ist für saubere, sauerstoffreiche Luft gesorgt. Der Wald filtert die Luft und nimmt Kohlendioxyd aus ihr auf, welches die Bäume selbst zum Leben benötigen. Bäume sind ein guter Indikator für die Belastung der Luft. Der Wald reinigt die Luft so lange von Schadstoffen, bis er, wenn diese überhand nehmen, selbst an ihnen zugrunde geht.

Bäume spielen daher im Kohlendioxydkreislauf der Erde eine entscheidende Rolle. Kein anderes Lebenssystem kann so viel Kohlendioxyd aufnehmen wie der Wald. Im Holz wie auch in den Blättern wird der Kohlenstoff gebunden und im Gegenzug dazu Sauerstoff freigesetzt. Sich noch im Wachstum befindende, junge Bäume nehmen besonders viel Kohlendioxyd aus der Luft auf. Die älteren Bäume speichern ebenfalls große Mengen CO_2, allerdings nur so lange, wie sie unzersetzt *lebendig* sind. Durch den mikrobiellen Abbau absterbender Bäume setzt eine umgekehrte Entwicklung ein, das heißt, Sauerstoff wird verbraucht und Kohlendioxyd wieder abgegeben.

Es ist wichtig, sich den Zusammenhang zwischen den Massenrodungen der Regenwälder und den damit verbundenen geringeren Abbau von Kohlendioxyd bewußt zu machen. Die CO_2-Erhöhung trägt im großen Maße zu der momentanen Klimaveränderung auf der Erde bei, da CO_2 die irdische Atmosphäre belastet. Das Zuviel an Kohlendioxyd in der Atmosphäre ist der Hauptauslöser für die Zunahme des Treibhauseffektes.

In den Urwäldern, deren Ökosystem noch intakt ist, befindet sich der Kohlendioxydkreislauf im Gleichgewicht. Bäume und Pflanzen wachsen und vergehen. Beim Absterben wird ungefähr genausoviel Kohlendioxyd freigesetzt, wie von nachwachsenden Pflanzen wieder aufgenommen werden kann. Erst bei der vollkommenen Zerstörung des Waldes, beispielsweise durch Brandrodung, gelangen die gespeicherten Kohlenstoffmengen geballt in die Atmosphäre. Durch die weltweiten Waldrodungen gehen jährlich 1,5 Gigatonnen Kohlenstoff oder umgerechnet 20 Prozent des weltweit ausgestoßenen Kohlendioxyds in die Luft! Da meist keine neuen Wälder nachgepflanzt werden, die das entstandene CO_2 wieder aufnehmen, reichert sich der Kohlendioxydgehalt in der Atmosphäre an.[10]

Bäume können nicht davonlaufen

Die Wälder der Erde sind den Errungenschaften des menschlichen Fortschritts, wie zum Beispiel Industriechemikalien, Schwermetallen, Pestiziden, Ozon und Schwefeldioxyd, schutzlos ausgeliefert. Sie können den schädigenden Substanzen nicht davonlaufen. Entsprechend werden die betroffenen Bäume so sehr geschwächt, daß sie unter der Belastung durch Insektenbefall, Trockenheit, Frost und Krankheiten nach und nach zugrunde gehen. Besonders betroffen sind die Bäume, die nicht mehr in einem natürlichen Gefüge aufwachsen, sondern in einer Monokultur, in der sich auch Schädlinge schneller verbreiten können. Die Bäume sind bei Krankheiten und anderen Anforderungen nicht mehr widerstandsfähig genug und damit dem Untergang geweiht.

Das Sterben der Bäume betrifft natürlich auch die Waldbewohner. Durch den Zerfall der Kronendächer der Bäume wird dem Sperber, Habicht oder Mäusebussard die Möglichkeit genommen, geschützte Horste und Nester zu bauen. Werden die Stämme von toten Bäumen abgeholzt, so verlieren auch Eule und Specht ihre Brutmöglichkeiten. Durch den Verfall der Wälder gelten mittlerweile die Hälfte sämtlicher Pilzarten als gefährdet, ebenso Käfer, Wildbienen und Ameisen, wie auch Waldfarne, Bärlapp, Moose und Flechten. Bedroht ist auch die

Artenvielfalt des Bodens, dessen Zusammenwirken der in ihm lebenden Mikroorganismen, Kleinsttiere und Pflanzen die eigentliche Grundlage eines überlebensfähigen Waldes bildet.

Raubbau an Urwäldern

Auch das Fällen der Bäume bedroht den Baumbestand auf diesem Planeten. Betroffen sind dabei besonders die Urwälder. Verantwortlich für die gigantischen Kahlschläge der ehrwürdigen Baumriesen sind vor allem die Industrienationen Japan, USA und die EU mit Deutschland an der Spitze, deren immenser Holz-, Papier- und Zellstoffverbrauch den Wald zum *Wegwerfartikel* macht.

Damit die Abholzung und der Holztransport zügig vonstatten gehen, werden Straßen in die Urwälder gelegt. Diese Wege dienen nicht nur den LKW-Fahrern zum Abtransport des Holzes, sondern auch zahlreichen Kleinbauern aus dem Umland, die die Straßen nutzen, um in die Tiefe der Urwälder zu ziehen und sich dort anzusiedeln. Der Ackerbau auf dem abgeholzten, entwurzelten und damit ausgelaugten Boden sichert ihr Überleben aber nicht, so daß immer mehr Bäume für neue Ackerflächen gerodet werden. Ein Kreislauf ohne Ende.

Durch Waldrodungen bedrohte Völker

Der amerikanische Wissenschaftler Edward O. Wilson sagt, daß alleine durch die Urwaldzerstörung jährlich 17 500 Lebensarten von der Erde verschwinden.

Die Folgen dieser Zerstörung bekommen als erstes die etwa 500 Millionen Menschen zu spüren, die seit vielen Generationen von und mit dem Wald im Einklang leben, ohne ihn dabei je in seiner Existenz bedroht oder gar zerstört zu haben. Man schätzt die Zahl der Ureinwohner in den Regenwäldern auf etwa 2 Millionen. Die Urbewohner der Regenwälder machen etwa 95 Prozent der kulturellen Vielfalt der Weltbevölkerung aus. Die 200 000 bis 300 000 Menschen, die das Amazonasbecken bewohnen, gehören alleine 200 verschiedenen Völkern an.[11]

Mit den Urwäldern verschwindet auch die Lebensgrundlage der Bewohner. Die Naturvölker gehören zu den Verlierern der auf Konsum ausgerichteten Industrienationen. Zusammen mit den Bäumen der Regenwälder verlieren sich auch die letzten Eingeborenenstämme, die auf das intakte Ökosystem des Waldes angewiesen sind.

Das Abholzen in Tibet

Bis zur Annexion durch die Chinesen in den 50er Jahren war Tibet trotz seiner Höhenlage ein ökologisch vielfältiges Gebiet. Das Volk der Tibeter lebt seit Jahrhunderten im Einklang mit der Erde. Dieses Verhalten begründet sich aus der praktizierten Religion, dem tibetischen Buddhismus. Ihm entnehmen die Tibeter das Wissen und die Kenntnis um die Zusammenhänge zwischen allen Geschöpfen und der Natur. Doch seit der chinesischen Invasion wird ein systematischer Raubbau mit der tibetischen Kultur und der Umwelt betrieben. Die tibetischen Wälder wurden fast vollständig dem Erdboden gleichgemacht. Früher wuchs ein großer Teil der Wälder entlang der Flußtäler im Südosten Tibets. Die Pekinger Regierung hat in diesem Gebiet seit 1966 rund 50 Millionen Bäume fällen lassen und somit 70 Prozent des Bestandes an Tannen, Fichten, Zypressen und anderen Baumarten vernichtet. In aus Tibet geschmuggelten Filmaufnahmen erkennt man meilenweit kahle Hänge. Endlose LKW-Kolonnen transportieren das gerodete Holz nach China, oder es wird über Flüsse nach China gebracht. An den Flußläufen verfaulen zahlreiche Baumstämme. Diejenigen Tibeter, die das faulende Holz zum Feuern nutzen wollen, gelten als Diebe, da der Staat – genauer gesagt, die chinesische Regierung – Eigentümer des Holzes ist.

Durch die massive Abholzung der tibetischen Wälder kommt es zu einer drastischen Verschlimmerung der Hochwasserkatastrophen entlang der asiatischen Flüsse, die mit dem Wasser aus dem Himalaya und dem tibetischen Hochland gespeist werden. Die in regelmäßigem Abstand sich wiederholenden Monsunregenfälle wurden früher von den Waldböden des Himalaya aufgenommen und gespeichert. Heutzutage schießt das Oberflächenwasser aus den Höhen des Himalaya herunter und nimmt den durch die Abholzung erosierten Boden mit. Die Bergflanken sind einer immensen Erosion ausgesetzt, und die Flüsse nehmen den Schlamm dann über mehrere Tausend Kilometer bis in die Ebenen des asiatischen Kontinents mit. In diesen Gebieten lagern sich die Schlammmassen in den Flußbetten an, was zur Folge hat, daß die Flüsse steigen und sehr viel häufiger als in den vergangenen Zeiten über die Ufer treten. Heutzutage kommt es dadurch mehrmals innerhalb eines Jahrzehnts zu Überschwemmungen, die früher alle 50 Jahre einmal auftraten. Betroffen sind dadurch nicht nur Tibet und China. Auch die Nachbarstaaten – wie zum Beispiel Bangladesh – werden Jahr für Jahr von verheerenden Überschwemmungskatastrophen heimgesucht. 90 Prozent des Wassers tibetischer Flüsse gelangt in die Nachbarstaaten und erreicht von dort aus Länder wie Indien, Nepal, Sikkim, Bhutan, Laos, Vietnam und Thailand. Somit sind 47 Prozent der Weltbevölkerung von der Massenabholzung in Tibet durch die chinesische Regierung betroffen.[12]

Der Regenwald

Eine der vielen Lebensadern der Erde, die in Mitleidenschaft gezogen ist, ist der Regenwald. Warum das Intaktsein des ökologischen Gleichgewichts der Regenwälder nicht nur für die ansässigen Naturvölker, sondern für sämtliches Leben auf der Erde wichtig ist, zeigen folgende Erläuterungen:

Auf der Erde gibt es nur noch drei große, zusammenhängende Regenwaldgebiete. Das sind der mit Abstand größte Regenwald im Amazonasgebiet, der zentralafrikanische Regenwald in Zaire und seinen Nachbarstaaten sowie der südostasiatische Regenwald, der sich zum größten Teil über Papua-Neuguinea, Malaysia und Indonesien erstreckt. Andere Restbestände befinden sich entlang der brasilianischen Atlantikküste, an der afrikanischen Elfenbeinküste, an der Ostküste Madagaskars, auf dem indischen Subkontinent, wie auch auf der Indochina-Halbinsel, auf den Philippinen und im äußersten Norden Australiens.

Mehr als die Hälfte aller Lebensarten, die auf der Erde existieren, sind im tropischen Regenwald beheimatet. Sie könnten ohne den Urwald nicht leben. Alleine im Amazonas-Regenwald gedeihen auf einem Hektar bis zu 500 verschiedene Baumarten, die von einem großen Artenreichtum an Pflanzen und Tieren besetzt sind. Dort leben auch 600 Kolibriarten.

In den Gewässern des Amazonas kommen rund 1500 verschiedene Süßwasserfische vor. Auf nur einem Quadratkilometer leben mehr als 80 Frosch- und 100 Fledermausarten.[13] Diese pralle Lebensvielfalt macht ein kompliziertes und nahezu unerforschtes, zusammenhängendes Netz bedingter Abhängigkeiten aus.

Die Abholzung des Regenwaldes

In den letzten 40 Jahren wurden mehr als die Hälfte der ursprünglichen Regenwälder zerstört. Jedes Jahr schrumpft zum Beispiel der Amazonas-Regenwald um rund 65 000 Quadratkilometer. Alle zehn Sekunden verschwinden sechs Hektar Regenwald von der Erdoberfläche. Die Bäume werden, um Weideland zu schaffen, abgebrannt, zur Nutzholzgewinnung mit Motorsägen gefällt oder zur Energiegewinnung durch Stauseen überflutet. Der rapide Anstieg der Bevölkerung in den Tropenländern tut ein weiteres dazu, daß der Baumbestand in den Regenwaldgebieten immer mehr zurückgeht. Rund eine Milliarde Menschen verfügen nicht über genügend Brennstoff. Daher gehen viele von ihnen dazu über, die umliegenden Wälder abzuholzen.

Eine Vielzahl von Biologen ist der Meinung, daß die Zerstörung des Regenwaldes und der damit verbundene, nicht wiedergutzumachende Verlust vieler Lebensformen unter all den Verbrechen, die an der Natur begangen werden, wohl dasjenige ist, das am schwersten wiegt. Andere dem Ökosystem zugefügte Wunden könnten im Laufe der Jahrhunderte wieder verheilen, der Verlust der Artenvielfalt des Regenwaldes in einem dermaßen kurzen Zeitraum ist dagegen nicht wiedergutzumachen. Die durch die Zerstörung der Regenwälder der Erde zugefügte Wunde schließt sich nach Einschätzung von Wissenschaftlern erst in 100 Millionen Jahren – wenn überhaupt.

Die Versteppung des Bodens

Wenn die Bäume des Regenwaldes abgeholzt sind, liegt der Mutterboden, der bis dato von den Wurzeln der Bäume zusammengehalten wurde, schutz- und zusammenhaltslos offen und ist Wind und Regen ausgeliefert. Die Entwaldung zieht Überschwemmungen und Bodenerosion nach sich und führt schließlich zu einem drastischen Rückgang der Niederschläge. Sind die Bäume, die durch die Verdunstung des Wassers über die Blätter für den Regen in dieser Region sorgten, erst einmal gefällt, wird der Regelkreis zerstört. Der Regen fällt nur noch in geringen Mengen. Das hat zur Folge, daß sich die betroffene Region in eine Steppenlandschaft verwandelt, was wiederum den Regenfluß mindert.

Der Medizinschrank der Regenwaldbewohner

Der amerikanische Politiker Al Gore prophezeit, daß im Laufe dieses Jahrhunderts sämtliche Regenwälder von der Erde verschwunden sein werden, wenn die Entwaldung im bisherigen Tempo fortschreitet. Wird der Vernichtungsfeldzug gegen die Urwälder weiter fortgeführt, so geht der Welt der größte Vorrat an genetischen Informationen, die dieser Planet zu bieten hat, verloren und damit auch die Heilungschancen für viele Krankheiten.[14] Was die Ureinwohner der Regenwälder schon seit Generationen an Wissen über die Heilkräuter ihrer Wälder gesammelt haben, wird erst in mühevoller Kleinarbeit von den Wissenschaftlern erforscht. Der pharmazeutische Schatz, der in den Regenwäldern im verborgenen liegt, ist noch lange nicht gehoben.

Heutzutage werden mehrere hundert Medikamente aus Pflanzen und Tieren des tropischen Regenwaldes gewonnen. Von den derzeit gebräuchlichen Medikamenten werden rund

40 Prozent aus Mikroorganismen, Pflanzen oder Tieren bzw. aus deren chemischen Ableitungen hergestellt, deren Heimat die Regenwälder sind. Wildwachsende Heilkräuter aus den Tropen bilden die Basis für Medikamente gegen Arthritis, Leukämie, Bluthochdruck, Asthma, Malaria, Diabetes und viele andere Krankheiten.

Als der ehemalige Präsident der Vereinigten Staaten Ronald Reagan von der Kugel eines Attentäters lebensgefährlich verletzt wurde, rettete sein Leben unter anderem ein Blutdruck stabilisierendes Medikament, welches von einer Buschviper aus dem Amazonasgebiet stammt.

In den 80er Jahren entdeckten amerikanische Biochemiker, daß die aus dem Regenwald stammende Pflanze *Catharantus roseus* alleine 60 verschiedene Alkaloide (hochwirksame Stickstoffverbindungen) enthält. Eines davon ist gegen Bluthochdruck wirksam, zwei andere werden in der Leukämiebehandlung eingesetzt. Ein Krebsforschungsinstitut in den USA identifizierte 3000 Pflanzen, die wirksam gegen Krebszellen sind. 70 Prozent dieser Pflanzen stammen aus den tropischen Regenwäldern. Das *Madagaskar-Immergrün* liefert 75 Alkaloide. Darunter befinden sich unter anderem das bei der Therapie von Leukämie bei Kindern eingesetzte Vincristin und Vinbalstin. Aufmerksam wurden die Pharmakologen auf das *Immergrün,* als sie die Ureinwohner Madagaskars dabei beobachteten, wie sie eine Substanz dieser Pflanze gegen das Absinken des Blutzuckergehaltes einnahmen.

Ein sehr umfassendes Arzneimittel ist bei den *Tikunas-Indios* entdeckt worden – die *Cassia alata*. Diese Pflanze hilft gegen Pilzbefall der Haut und andere Hauterkrankungen. Sie ist auch wirksam gegen Herpes und Lepra. Der Sud aus den Cassia-Blättern kuriert Asthma und Wochenbetterkrankungen.

Die Blüten und Blätter der *Tachaglia cavipes* Pflanze, die bei fast allen am Amazonas ansässigen Stämmen bekannt ist, liefert einen Stoff, aus dem die Ureinwohner Verhütungsmittel herstellen, ohne durch die Einnahme die Fruchtbarkeit der Frauen zu gefährden.[15]

Rettung oder Gnadenstoß für die Regenwälder?

Die Pharmazeuten der Industrienationen haben mit großem Interesse die Meldungen über das medizinische Potential der Regenwälder vernommen. Schließlich tun sich ihnen neue Rohstoff- und Informationsquellen in nahezu paradiesischer Form auf. Als selbstlos kann der *Run* auf die pharmazeutischen Schätze der Regenwälder aber nicht bezeichnet werden. In den USA rechnet man normalerweise für die Entwicklung eines neuen Medikaments etwa mit 10 Jahren Zeit und 20 Millionen Dollar. Da überlegt man sich schon einmal, die Kollegen aus dem Regenwald – die Schamanen und Medizinmänner – um Rat zu fragen, um aus ihrem Jahrtausende alten Wissen zu profitieren und dadurch die Kosten der Medikamententwicklung zu senken. Jetzt, da der Regenwald auf dem Sterbebett liegt, besinnt man sich auf die noch nicht geborgenen Schätze der uralten Wälder.

Handelt es sich bei dem Aufruf zum Schutze der Regenwälder von seiten der Pharmakologen und Ethnobiologen um aufrichtig gemeinte Rettungsversuche, oder steht dabei nur die Beglückung der eigenen Wissenschaft im Vordergrund? Was ist, wenn die Wissenschaftler dem Regenwald und seinen Bewohnern die letzten Geheimnisse entnommen haben? Wer gibt den alten Bäumen die Garantie, daß ihnen dann nicht endgültig der Todesstoß versetzt wird? Abschreckende Beispiele aus der Geschichte der Pflanzenmedizin liegen zur Genüge vor. Zum Beispiel war kurz nach der Entdeckung, daß der *Chinarindenbaum* ein wirksames Mittel gegen Malaria (Chinin) enthält, der Baum innerhalb weniger Jahrzehnte so gut wie ausgerottet.

Die letzten Güter der Ureinwohner

Ich erinnere mich noch gut, wie bei meinem Besuch der Lakota ein *Eldest* (»Ältester«) zu mir sprach: »Die Weißen haben uns alles geraubt, was wir besaßen. Sie nahmen uns das Land, unseren Glauben, ja sie nahmen uns sogar unsere Kinder und steckten sie in ihre Schulen. Das einzige, was wir jetzt noch besitzen, sind unsere Rituale, die wir schon seit vielen Generationen praktizieren. Wollt ihr das Letzte, was wir noch unser Eigen nennen, uns auch noch nehmen und in eurer Gesellschaft ausüben?«

Diese Skepsis ist auch auf das große Interesse der Wissenschaftler an den Heilpflanzen der Regenwälder übertragbar. Auch den Waldbewohnern ist vieles genommen worden. Das Wissen um die uralte Weisheit der Wälder, in denen sie leben, sollen sie nun auch noch preisgeben. Ist es das Recht der Industrienationen, diesen letzten Schatz zu heben, ihn für sich zu beanspruchen, um daraufhin den Lebensraum der Urbewohner – den Wald – endgültig zu zerstören?

Mutter Erde

Es ist früh morgens. Ich befinde mich in einem Tal nahe einer alten, fast vergessenen Quelle. In der Ferne ist der Schrei eines Bussards zu hören. Vom Lärm des Tages ist noch nichts zu spüren, so daß ich mich ganz auf Dich einlassen kann, Mutter Erde. Es liegt etwas Tiefes, Heiliges in der Luft. Ich fühle mich Dir sehr nahe. Der Dampf, der aus Deinem Boden steigt, kommt mir vor wie ein Gebet, das Du zelebrierst. Ein Gesang zu Ehren der Stille und des nahenden Sonnenaufgangs. Die Blätter an den Bäumen um mich herum verharren, so als ob sie anmutig Deinen Weisen zuhören. Sogar die Quelle scheint für einen Augenblick innezuhalten. Es ist, als ob alles um mich herum den Atem anhielte, um die Schönheit und die Wahrhaftigkeit dieses Augenblicks nicht zu stören. Langsam, wie in Zeitlupe, lasse ich mich nieder und strecke mich auf Deinem Körper aus. Ich spüre Deine uralte, Geborgenheit vermittelnde Lebenskraft durch mich fließen. Stille, die jenseits von Zeit und Raum ist, füllt das Tal aus und greift auf mich über.
Es scheint eine Ewigkeit vergangen zu sein, als nach und nach die Sonne ihre ersten Strahlen ausbreitet, den Boden berührt und schließlich auch mich einhüllt. Das Leben nimmt einen tiefen Atemzug und erwacht, scheint neugeboren zu sein. Die Vögel beginnen sich gegenseitig ihre Geschichten zu erzählen, wie seit ewigen Zeiten. Auch das Quellwasser fließt wieder, so als ob nie eine Zeit des Verharrens stattgefunden hätte.

Plötzlich spüre ich, wie ich von etwas Bekanntem in den Bann gezogen werde. Es ist eine Eiche, die alt und erhaben unweit von meinem Platz steht und mich mit ihrer Magie anzieht. Der Baum berührt etwas in meiner Seele, das meine Sprache nicht zu benennen vermag.
Langsam stehe ich auf und wende mich der Eiche zu – sehe, wie der Baum verankert durch seine Wurzeln aus Deinem Leib, Mutter Erde, wächst. Er ist Dein Botschafter aus längst vergangenen Zeiten, der, wenn ich meiner Seele den Freiraum gebe ihm zuzuhören, anfängt, über Dich zu berichten. Tief in meinem Innern sammeln sich Gedanken, formen sich zu Worten, die schließlich langsam und bedächtig aus mir fließen:

Baum, der Du dort stehst,
schon seit einer Ewigkeit an Zeit.
Baum, der Du die Geschöpfe der Erde behütest und
beschützt,
ohne dafür nach Lohn zu fragen.
Baum, der Du mit Deinen Wurzeln und Zweigen
so viel beinhaltest,
viel mehr als ein Buch je zu beschreiben vermag.
Baum, der Du so voll an Weisheit und Erkenntnis bist,
doch damit nicht prahlst, sondern Dich in Schweigen
hüllst.
Baum, der Du im Rhythmus der Zeit Dein Kleid wechselst
und Jahr für Jahr schöner und strahlender erscheinst.
Baum, der Du mir den Frieden erklärtest,
besser als es ein Mensch je könnte.
Baum, der Du Geduld mit uns hast
und uns unsere Fehler,
die wir begangen haben und immer noch begehen,
stillschweigend verzeihst.
Dir, Baum, möchte ich danken, für Dein Dasein.

Feuer

Großvater Feuer,
Geschenk an Erde und Dunkelheit.
Es ist gut, daß du deine Wärme ausstrahlst
und uns Kraft gibst,
für alle Zeiten.

Das Element Feuer ist für das Leben auf der Erde von großer Wichtigkeit. Würde die Energie der Sonne nicht die Erde erwärmen und beleuchten, wäre kein Leben auf diesem Planeten denkbar. Der Bote des Feuers, das Sonnenlicht, ist zum Beispiel daran beteiligt, daß sich der Wachstumsprozeß bei Pflanzen entwickelt.

Das Element Feuer stellt sich unter anderem in Form von Energiequellen wie Erdöl, Gas, Kohle und Uran dar. Daß die Energiereserven auf der Erde nicht unendlich vorhanden sind, zeigen folgende Zahlen:

Der Energieverbrauch

Innerhalb der letzten 200 Jahre wurde mehr als die Hälfte sämtlicher fossiler Energiereserven der Erde, die das Ergebnis von mehr als 300 Millionen Jahren Sonneneinwirkung sind, verbraucht. Die Menschheit hat alleine im 20. Jahrhundert mehr Energiereserven als sämtliche Jahrtausende davor ausgeschöpft.[16] Der Vorrat an fossilen Energieträgern ist nur noch in begrenzten Mengen vorhanden. Wenn das derzeitige Konsumverhalten der Menschheit keine entscheidende Veränderung erfährt, werden die Energieressourcen innerhalb der kommenden Generationen aufgebraucht sein.

Laut Schätzungen der OPEC-Länder beläuft sich der Vorrat an Rohöl weltweit auf etwa eine Billion Barrel. Das mag sich zwar nach einem großen, sicheren Vorrat anhören, jedoch unter Beibehaltung des derzeitigen Verbrauchs ist die weltweite Rohölversorgung lediglich noch für rund 40 Jahre gesichert. Die Rohölreserven der Erde sind demnach Mitte der 30er Jahre dieses Jahrtausends erschöpft.

Die Erdgasressourcen werden weltweit auf 124 Billionen Kubikmeter geschätzt. Bei gleichbleibendem Verbrauch hieße das, daß die Erdgasressourcen bis Anfang der 50er Jahre dieses Jahrtausends ausreichen.

Etwas positiver sieht es bei der Kohleversorgung aus. Der Vorrat von mehr als einer Billion Tonnen wird in etwa 230 Jahren aufgebraucht sein. Da jedoch die Verbrennung fossiler Rohstoffe, wie zum Beispiel der Kohle, zur Steigerung der Kohlendioxydbelastung beiträgt und der Kohlenstoffgehalt in der Atmosphäre heutzutage schon sehr erhöht ist, wäre es keine positive Lösung, sich auf Kohle als Energieträger der Zukunft zu konzentrieren.[17]

Die Atomenergie

Was sich daraus entwickeln kann, wenn die Menschheit unachtsam mit dem Element Feuer oder genauer mit einem Energieträger wie dem Uran umgeht, ist bei der Reaktorkatastrophe 1986 in Tschernobyl deutlich geworden. Aus dem Supergau resultierend leiden noch heute Pflanzen, Tiere und Menschen an den Spätfolgen.

Neben dem nicht auszuschließenden Restrisiko, das das Betreiben von Atomkraftwerken mit sich bringt, bildet auch die Atommüllagerung einen großen Risikofaktor für die Gesundheit der Erde. Weltweit sind laut Angaben des *World Watch Institute* aus den 420 Atomanlagen, die übrigens zusammen nur etwa fünf Prozent des Weltenergiebedarfs decken, bis Ende 1990 84 000 Tonnen abgebrannte Brennelemente entnommen worden. Nach Berechnungen der *Internationalen Atomenergie-Organisation* (IAEO) fallen zur Mitte dieses Jahrhunderts etwa 450 000 Tonnen abgebrannter Brennelemente aus Reaktoren weltweit an. Dazu kommen noch die Hinterlassenschaften des Kalten Krieges. Nach der Atombombenproduktion sind viele Atomanlagen dermaßen verseucht, daß deren Reinigung nicht zu bezahlen ist. Auch müssen atomar bestückte oder betriebene U-Boote und Schiffe entsorgt werden – falls sie nicht ohnehin schon auf dem Meeresgrund versunken sind. Genauso ist die Entsorgung des Plutoniums aus den Sprengköpfen der Atomraketen ungeklärt. Die Atomtestgelände wie die *Nevada Wüste* in den USA, *Semipalatinsk* in Rußland oder das *Mururoa Atoll* im Pazifik, der Teststandort der Franzosen, gelten als riesige Atommüllager.[18]

Bei den Strahlenexperten besteht weltweit die Übereinstimmung, daß es keine unschädliche radioaktive Strahlendosis gibt. Seit Beginn des Atomzeitalters wurde die empfohlene Höchstdosis immer wieder nach unten korrigiert. Die sogenannten Grenzwerte sagen jedoch lediglich aus, wieviel Radioaktivität Wissenschaftler, Politiker und die Atomindustrie den Menschen als nicht gesundheitsschädigend zumuten. Die veränderten Grenzwerte im Laufe der Jahre zeigen, daß frühere Strahlenforscher offensichtlich die verträgliche Dosis zu hoch eingeschätzt haben. Es ist fraglich, ob die Generation der gegenwärtigen Wissenschaftler bei der Berechnung der empfohlenen Strahlenhöchstdosis miteinbezogen hat, daß der Mensch, um den es bei ihren Berechnungen geht, in der heutigen Zeit einer Vielzahl von weiteren Belastungen ausgesetzt ist. Bei den in den Industrienationen weit verbreiteten Allergien weiß man, daß meist erst das *Zusammenkommen* verschiedener Faktoren, wie zum Beispiel Veranlagung, Wohnraumbelastungen, Zusatzstoffe in Lebensmitteln und Elektrosmog, eine allergische Erkrankung auslöst. Bereits eine Dosis eines Giftstoffes unterhalb des Grenzwertes in Kombination mit einer anderen Belastung, wie zum Beispiel durch Quecksilber in Amalgamfüllungen, kann das Faß zum Überlaufen bringen und gesundheitliche Störungen auslösen.

Auf die für Menschen empfohlene Strahlenhöchstdosis von radioaktiven Strahlen übertragen heißt das, daß die Bestimmung dieser Werte nur unter Einbeziehung einer großen Anzahl von anderen belastenden Faktoren berechnet werden kann. In diesem Zusammenhang stellt sich die Frage, ob in der Zukunft die heutigen Grenzwerte der annehmbaren radioaktiven Belastung als fataler Irrtum angesehen werden. Nicht nur die Menschen in der westlichen Welt sind von den Auswirkungen der Atomindustrie betroffen. Besonders die Ur-Völker der Erde, die innerhalb der Atomwirtschaft keine Lobby haben, werden mit den negativen Folgen der Radioaktivität konfrontiert. Darüber hinaus ist auch hier eine ganzheitlich ausgerichtete Denkweise gefordert, die den Faktor Gesundheit nicht nur allein auf die Menschheit, sondern die gesamte Erd-Familie bezieht.

Die Uran-Problematik bei indigenen Völkern

Mehr als 70 Prozent der Uranvorkommen auf der Erde wie auch ein großer Teil der Versuchsgelände für Kernwaffen befinden sich auf den Lebensgebieten indigener Völker, wie zum Beispiel den Hopi in Nordamerika oder den Aborigines in Australien. Bei der Suche nach Endlagerstätten für Atommüll werden auch die Naturvölker heimgesucht.

Sofern die Menschen dort nicht umgesiedelt werden, bietet man ihnen in den Atomanlagen Arbeitsplätze an. Wohlstand wird in Aussicht gestellt. Oft wissen die Betroffenen nicht, welche gesundheitlichen Folgen der unmittelbare Umgang mit Uran mit sich bringt, da von den Betreibern die zu erwartende Strahlenbelastung sowie die damit verbundenen Folgen für Mensch und Natur meist nicht erwähnt werden.

Auswirkungen des Uranabbaus

Besonders deutlich sind die verheerenden Folgen von jahrzehntelangem Uranabbau in den Gebieten der nordamerikanischen Völker der *Hopi*, *Navajo* und *Pueblo* (Arizona, New Mexiko) zu erleben: Ein überdurchschnittlich großer Teil der Bevölkerung leidet an Krebs.[19]

Zu verübeln ist es den nordamerikanischen Ureinwohnern nicht, daß sie aktiv am Uranabbau teilgenommen haben, da er in den genannten Gebieten eine der wenigen Möglichkeiten war, an Arbeit zu kommen und Geld zu erwirtschaften.

Der Uranabbau bei den Lakota

Seit den 50er Jahren wird in den *Black Hills* (South Dakota, USA) Uran gefördert. Die Black Hills sind ein Gebirgszug, der der in den nahe gelegenen *Pine Ridge* und *Rosebud* Reservaten lebenden Lakota-Nation als heilig gilt.

Bei meinem Besuch der Lakota wurde mir erzählt, daß die Black Hills eines der Energiezentren der Erde bilden. Sie werden als *Herzschlag von Mutter Erde* angesehen. Man sagt, daß durch den an den Black Hills begangenen Raubbau das Gleichgewicht der gesamten Erde gestört und sämtliches Leben auf diesem Planeten gefährdet werde.

Nach einem Vertrag zwischen den Lakota und der amerikanischen Regierung aus dem Jahre 1867 gehören die Black Hills rechtlich den Ureinwohnern. Dies wird allerdings von seiten der amerikanischen Regierung nicht anerkannt. Nach wie vor kämpfen die Lakota um ihre Eigentumsrechte. Zwar hat die US-Regierung ihnen eine Million Dollar zur Entschädigung angeboten, deren Annahme wird jedoch von den Lakota-Traditionellen abgelehnt. Frank Fools Crow, der im Jahr 1989 im Alter von fast 100 Jahren verstorbene Zeremonienhäuptling und heilige Mann der Lakota, sagte einmal zur Black Hills-Problematik: »Wie kann jemand erwarten, daß wir unseren Friedhof, unsere Kirche für ein paar lumpige weiße Dollar verkaufen?«[20]

Zwar ist mittlerweile der Abbau von Uran in den Black Hills aus wirtschaftlichen Gründen eingestellt worden, die Lakota sind aber – nicht zuletzt wegen den immer noch offen liegenden Uranabbauhalden – besorgt um die Gesundheit ihres Volkes wie auch der Natur, und dies besonders, seitdem in dem nahe der Black Hills gelegenen *Pine Ridge Reservat* radioaktiv verseuchtes Trinkwasser gefunden wurde. Man vermutet, daß die Verseuchung von einer offen gelassenen Uranmine oder einer Uranverhüttungsanlage unweit der Grenze des Reservats stammt. Am Ufer des Cheyenne Flusses, der quer durch das *Pine Ridge Reservat* fließt, finden sich nahe des Städtchens *Edgemont*, nur durch einen Drahtzaun gesichert, große Mengen radioaktiv strahlenden Abraumes. Teile der Verhüttungsrückstände von Uranabbauaktivitäten in den südlichen Black Hills sind in das Trinkwasser von Pine Ridge gelangt.

Im Reservat ist parallel zum Uranabbau eine Zunahme der Krebsrate festgestellt worden. Darüber hinaus gibt es beinahe in jeder Familie Schilddrüsenprobleme. Auch wurde eine hohe Rate an Fehlgeburten wie auch Geburtsschäden festgestellt. Diese Art von Krankheiten hat es vor der Uranförderung in dem Maße nicht gegeben. Sie sind typisch für Menschen, die radioaktiver Strahlung ausgesetzt sind.[21]

Die Zerstörung heiliger Orte der Naturvölker

Die Urangewinnung verseucht nicht nur Nahrung und Grundwasser der betroffenen Völker, sie vernichtet oft auch deren heilige Plätze. Die Orte mit natürlichen Uranvorkommen sind sehr häufig identisch mit heiligen Plätzen der Ureinwohner. Eine australische Uranabbau-Betreiberfirma gab einer ihrer Uranminen den Namen, den der Ort seit Jahrtausenden trägt: *Yeelirrie*, was in der Sprache der dort beheimateten Aborigines »Stätte des Todes« heißt.[22]

Die Mythologie der australischen Ureinwohner sagt, daß das natürlich vorkommende Uran für die Lebewesen der Erde nicht gefährlich ist – solange es unangetastet in der Erde ruht. Die Aborigines glauben daran, daß die Regenbogenschlange unter der Erde schläft und jene Kräfte hütet, die der Mensch nicht kontrollieren kann. Der Griff nach den Millionen Jahre alten Kräften, mit denen das Uran gemeint ist, wird den Schlaf der Schlange stören und unaufhaltsam Unheil über die Menschen bringen, so warnt die Weissagung der Ureinwohner Australiens.[23]

Die Atomindustrie opfert mit dem Uranabbau auf den Gebieten indigener Völker wie den Aborigines in Australien oder den Lakota, Hopis oder Navajos in Nordamerika Kulturen, in denen jenes alte Wissen um die Weisheit der Erde noch vorhanden ist, welches unsere Zivilisation nicht mehr kennt. Es ist ein Wissen, dessen Wurzeln sich in einer tiefen Verbundenheit zur Erde begründen. Diese Kenntnis fehlt den Wissenschaftlern und Forschern bei der Lösungsfindung in den zunehmenden Umwelt- und Zivilisationskrisen. Das zunehmende Aussterben der indigenen Völker und der damit verbundene Verlust der alten Weissagungen und Mythologien bedeutet einen schmerzlichen Verlust für die gesamte Schöpfung der Erde, der durch die Errungenschaften des Fortschritts und der Technik nicht mehr auszugleichen ist!

Atomdeponie Tibet

Nicht nur die Urvölker Amerikas und Australiens sind vom Uran-Abbau betroffen, auch die Bewohner Tibets werden mit den Auswirkungen der Atomenergie konfrontiert.

Bisher wurden auf tibetischem Boden etwa 55 atomare Testversuche von seiten Chinas durchgeführt. In Tibet stehen zwar noch keine Atomkraftwerke, aber für die Hauptstadt *Lhasa* ist von seiten Chinas der Bau einer Anlage geplant, damit die wachsenden Energiebedürfnisse vor allem der sich im Land ansiedelnden Chinesen gestillt werden.

Seit Ende der 50er Jahre betreibt China Atomforschung. Der größte Teil der chinesischen Atomindustrie wie auch der Atomproduktion und -forschung befindet sich auf tibetischem Grund.

Es ist von chinesischen Fachzeitschriften bestätigt worden, daß in verschiedenen Regionen Tibets Uran abgebaut wird. Dies geschieht in großem Ausmaß in der Umgebung von Lhasa und in Osttibet. Die errichteten Abbaustollen unterliegen keinen oder nur locker gehandhabten Sicherheitsvorschriften. Es kommt nicht selten vor, daß ausgeschwemmtes Uranerz und freigesetzte Uranschlacken den Boden sowie Grund- und Flußwasser verseuchen. Innerhalb Tibets werden auch in alten Stollen und schlecht gesicherten Deponien Abfälle aus der chinesischen Atommüllproduktion gelagert. In der Umgebung der Minen und Abraumhalden nehmen Erkrankungen und Todesfälle unter den Tibetern zu.

Auf tibetischem Boden werden an geheimgehaltenen Plätzen unbekannte Mengen an Atommüll endgelagert, höchstwahrscheinlich mit schlechtem technischen Wissen und nicht ausreichender Sicherung. In diesem Gebiet entspringen die größten Flüsse Asiens, wie zum Beispiel der *Mekong* und der *Yangtse*. Somit kann auch den umliegenden Ländern eine riesige atomare Vergiftungskatastrophe drohen.

Was die Atomanlagen auf tibetischem Boden angeht, ist ein Vergleich mit den verheerenden Verhältnissen in Rußland angebracht. Genau wie in Rußland nehmen die chinesischen Militärs keine Rücksicht auf gesundheitliche und ökologische Folgen ihrer atomaren Produktionen, Tests und Entsorgungen.

Die Leidtragenden der chinesischen Atomwirtschaft auf tibetischem Boden sind die Tibeter, die in der Nähe der Uranabbauhalden und der Atommülldeponien leben, ein Volk, das bekannt für sein inniges Verhältnis zur Natur ist und bis zur Besetzung durch die Chinesen mit einem wohl einzigartigen Reichtum an seltenen Pflanzen und Tieren beglückt war.[24]

Die Warnung der Hopi

Die in Arizona lebenden Hopi und die benachbarten Navajo, die ebenfalls vom Uranabbau betroffen sind, warnen die amerikanische Regierung davor, weiterhin Uran aus der Erde zu entnehmen. Nicht nur deswegen, weil die Gesundheit ihrer Völker durch den Abbau gefährdet ist, sondern weil auch sie davon ausgehen, daß sich der Uranabbau verheerend auf das Gleichgewicht der gesamten Erde auswirkt, wie es ihre Überlieferungen sagen.

Eine bittere Ironie ist, daß gerade Völker wie die Hopi und die Tibeter, die seit vielen Generationen ganz bewußt im Einklang mit der Natur leben und durch ihr friedvolles Verhalten dazu beitrugen, daß die Erde bislang noch nicht vollkommen aus dem Gleichgewicht geraten ist, lebensbedrohlich von den Auswirkungen des Uranabbaus betroffen sind. Da die Belange beider Völker aus weltpolitischer Sicht nicht von Interesse sind, bleiben ihre Hilferufe an die Außenwelt bislang so gut wie unbeachtet. Diesen Völkern, die über die Weisheit verfügen, daß nur ein harmonischer Umgang mit der Natur das Weiterleben der kommenden Generationen auf der Erde garantieren kann, wird in der heutigen Zeit – in der es darum geht, die Wunden, die diesem Planeten zugefügt wurden, wieder zu heilen – mehr und mehr Gehör geschenkt werden müssen.

Großvater Sonne

Heiße Luft steigt wie Dampf aus der Erde. Die aus der Sonne geborene Hitze ist fast unerträglich. Der Rhythmus der Trommeln verbindet sich mit meinem Herzschlag zu einer untrennbaren Einheit. Traditionelle, heilige Gesänge verkünden von der Weisheit des Urvolkes. Aus der einfach gefertigten Überdachung heraustretend beginnen die Männer, sich im Rhythmus der Trommeln zu bewegen – es ist die Zeit des Sonnentanzes. Sie tun es genau so, wie es schon ihre Ahnen vor Jahrhunderten getan haben. Mit der gleichen Anmut, aber auch mit einer schweren Last, die auf ihren Schultern liegt. Im Rhythmus der Trommeln stampfend begehen sie den Kreis.
Ich befinde mich mit Angehörigen der Tänzer am Rand des Geschehens. Wir stehen schweigend, unsere Aufmerksamkeit auf die Männer gerichtet, die in der Glut der Hitze den heiligen Tanz der Sonne zelebrieren. Salbeigeruch windet sich durch die Luft und verbindet sich mit der trockenen Schwüle des Sommers. Ich schließe meine Augen – bin nicht mehr fähig zu unterscheiden, ob ich mich noch am Rand des Kreises befinde oder schon selbst stampfend den Sonnentanz ausführe. Der Klang der Trommeln und die heiligen Gesänge graben sich durch meine Poren in die Tiefe meines Seins. Es gibt kein Außen mehr, nur noch den Rhythmus. Die Sonne scheint nicht mehr von oben auf mich herab, sie strahlt aus meinem Innern.
Aus der Tiefe dieser Stimmung wächst in mir ein Gebet:
Großvater Sonne, schenke uns Deine Energie der Freude, der Lebenslust und des Lachens. Lasse uns Deine Wärme

spüren, die uns ermöglicht, Liebe und Herzlichkeit in uns zu entdecken und diese weiterzureichen. Gefühle, die wir benötigen, um wieder eins zu werden mit uns selbst und mit Mutter Erde. Entfache in uns den Funken der Verbundenheit mit den Steinen, den Pflanzen und Tieren, so daß wir niemals wieder gegen unsere Brüder und Schwestern Hand anlegen und ihr Dasein stören. Großvater Sonne, ich zolle dir Achtung und Respekt dafür, daß Du Dein Licht den Geschöpfen der Erde spendest, ohne nach dem Warum und Wofür zu fragen. Du hättest Grund genug, zu unterscheiden zwischen dem, der es verdient, von Deinem Licht und Deiner Energie gestärkt zu werden, und dem, der es nicht verdient. Doch Du handelst einzig und allein aus Deinem Sein heraus. Dafür danke ich Dir, Großvater Sonne.
Langsam erwache ich aus meiner Trance. Ich befinde mich wieder im Hier und Jetzt. Die Sonnentänzer bewegen sich im Rhythmus der Trommeln nach und nach aus dem Kreis. Als der letzte Mann im Schutz der Überdachung verschwunden ist, schweigt der Klang. Die Welt scheint stillzustehen. Für einen Augenblick wagt niemand zu atmen, alles ist bewegungslos. Noch nicht einmal die Grashalme scheinen sich zu bewegen. Dann bricht der Bann, und Lebendigkeit hält Einzug. Der Ansatz eines Lächelns umgibt unsere Mundwinkel. Wir schauen uns gegenseitig an, verstehend, wissend um die Gnade des Augenblicks.

Luft

Das, was ihr seid,
wohnt über dem Berg
und treibt mit dem Wind.
KHALIL GIBRAN

Probieren Sie einmal aus, für eine Minute die Luft anzuhalten. Wie fühlen Sie sich nach dieser Zeit? Mit Sicherheit werden Sie erleichtert darüber sein, wieder Sauerstoff einatmen zu können. Über die Tatsache, daß Sauerstoff grundlegend notwendig ist, um auf der Erde zu leben, ist man sich oft nur bewußt, wenn einem die Luft ausgeht. Bergsteiger, die schon berauschende Höhen erklommen haben, wissen sicherlich davon zu berichten.

Auf dem Planet Erde könnte viel Leben, so wie es in der jetzigen Form vorhanden ist, ohne Luft nicht existieren. Macht man sich die Tragweite dieses Gedankenganges bewußt, wird einem auch verständlich, warum es fatal für das Leben auf der Erde ist, wenn die Luftverschmutzung so stark überhand nimmt, daß den Lebewesen der Erde nicht mehr genügend schadstofffreie Luft zur Verfügung steht.

Doch was tun wir nicht alles, um das Gleichgewicht der Luft zu stören. Es werden Wälder gerodet, die für die Sauerstoffversorgung der Erde grundlegend wichtig sind und mit Industrie- und Auspuffabgasen wird die Umwelt gestört.

Bei all diesem Tun ist es nahezu ein Wunder, daß noch immer genügend Sauerstoff zum Atmen zur Verfügung steht. Zunehmende Atemwegserkrankungen und das Sterben der Wälder weisen jedoch darauf hin, daß es höchste Zeit wird, sorgsamer und verantwortungsbewußter mit dem Element Luft umzugehen.

Raubbau am Luftelement

Der Verbrauch fossiler Brennstoffe wie Erdöl, Kohle und Erdgas ist seit 1860 um das Sechzigfache gestiegen. Die Folge der Luftverschmutzung durch Industrie, private Haushalte und Landwirtschaft ist, daß jährlich mehr als 23 Milliarden Tonnen Kohlendioxyd (CO_2) die Atmosphäre belasten. Neben diesen Emissionsquellen wird auch durch Brandrodungen CO_2 freigesetzt – etwa 5 Milliarden Tonnen pro Jahr weltweit! Da die großen Kohlendioxydspeicher – die Ozeane und Wälder – nur rund die Hälfte der heutigen Abgasmenge binden können, wird die Luft Jahr für Jahr mit Milliarden Tonnen Kohlendioxyd belastet. Im Vergleich zur vorindustriellen Zeit hat die Kohlendioxydkonzentration der Atmosphäre um 30 Prozent zugenommen.[25] Wissenschaftler der Vereinten Nationen haben berechnet, daß durch das klimabedingte Sterben zahlreicher Wälder der Erde in den nächsten 50 Jahren bis zu 900 Milliarden Tonnen Kohlendioxyd freigesetzt werden könnten![26]

Die Zunahme der Kohlendioxydemissionen hat zur Folge, daß sich die Ozonschicht in der Atmosphäre zunehmend verdünnt:

Der Abbau der Ozonschicht

Ohne die Ozonschicht könnten auf der Erde nur sehr wenige Arten von Lebewesen existieren. Weder Bäume, Pflanzen, Tiere noch Menschen wären wegen der intensiven Sonneneinwirkung aus dem Weltall lebensfähig. Daß die ultraviolette Strahlung der Sonne nur in kleinster Dosis bis zur Erdoberfläche durchdringt, ist auf den hauchdünnen Gasschleier in der Stratosphäre zurückzuführen. Dort, 12 bis 50 Kilometer über der Erdoberfläche, befinden sich 90 Prozent des Ozons.

Obwohl das Ozon mengenmäßig nur ein Millionstel der Atmosphärenmasse ausmacht, bildet die Ozonhülle einen starken Schutz, der die UV-Strahlen bis auf einen geringen Bruchteil abfängt.[27]

Über dem Südpol reißt jährlich ein riesiges Ozonloch auf, das doppelt so groß ist wie die Fläche Europas. Aber auch auf der nördlichen Halbkugel treten Ozonlöcher auf. Über Europa hat sich die Ozonschicht seit den 70er Jahren um fast 10 Prozent verringert. Laut Angaben des Umweltprogramms der Vereinten Nationen (*UNEP*) führt bereits eine Verringerung des Ozongehalts um ein Prozent in der Atmosphäre zu einem Anstieg von Hautkrebs um ein bis zwei Prozent.[28]

Hautkrebs ist eine Krankheit, die vor allem in der südlichen Hemisphäre weit verbreitet ist – dort ist die Ozonschicht am stärksten zerstört. In Queensland, im Nordosten von Australien, leiden mehr als 75 Prozent der über 65jährigen Einwohner an Hautkrebs. Kindern wird dort gesetzlich vorgeschrieben, auf dem Weg zur Schule große Sonnenhüte und Schals zu tragen, welche vor der ultravioletten Strahlung schützen sollen.[29]

Die fortlaufende Zerstörung der Ozonschicht und die damit verbundene Zunahme der UV-Einwirkung auf die Erde hat auch zur Folge, daß die Biomasse des Planktons der Meere und Ozeane beschädigt wird. Dadurch werden große Mengen an CO_2 freigesetzt und gleichzeitig wird einer der wichtigsten Kohlendioxydspeicher verkleinert. Durch die Zerstörung des Planktons wird auch der Nahrungskreislauf der Meere immens gestört. Vielen Fischarten wird die Nahrung genommen, was wiederum Auswirkungen auf die Fischerei und damit auf die Deckung des weltweiten Nahrungsbedarfs hat.

Der Treibhauseffekt

Schon seit vielen Generationen sorgt eine dünne Hülle von Gasen rund um die Erde dafür, daß die Sonne ihre Strahlen nicht ungehindert auf die Erde wirft, sondern nur ein winziger Bruchteil davon auf die Erde gelangt und die Erdoberfläche erwärmt. Die Sonnenenergie wird von Land, Wasser und allen Lebewesen aufgenommen. Der Großteil der tagsüber aufgenommenen Wärme wird wieder – in Form von Infrarotwellen – ins Weltall zurückgestrahlt. Da diese weniger energiereich sind als die von der Sonne abgegebenen UV-Strahlen, durchdringen sie die Atmosphäre nicht so leicht. Das hat zur Folge, daß ein Teil der von der Erde auf natürliche Weise ausgesen-

deten Wellen nicht durch die Hülle dringt und deshalb in der Atmosphäre verbleibt. Diese Energien sind nicht als bedenklich anzusehen, da sie für ein wohltemperiertes Klima auf der Erde sorgen.
Die menschliche Zivilisation aber produziert in großen Mengen Treibhausgase (Kohlendioxyd, Methan, Ozon, Lachgas etc.), und da diese Gase Wärme absorbieren, die normalerweise in das Weltall abgegeben werden, verändert sich das Klima auf der Erde. Diese Gase sind in bestimmten Mengen natürlicherweise in der Atmosphäre enthalten. Erst eine von Menschenhand verursachte Steigerung der sogenannten Treibhausgase führt dazu, daß die Atmosphäre immer mehr Wärme speichert – der Treibhauseffekt entsteht.

Gase, die zum Treibhauseffekt beitragen

Kohlendioxyd: Kohlendioxyd ist ein farbloses Gas, welches bei der Verbrennung von Öl, Kohle und Gas sowie bei der Holzverbrennung entsteht. Es trägt rund 50 Prozent zum Treibhauseffekt bei.

Methan: Methan entsteht bei der Zersetzung von organischen Stoffen, zum Beispiel in Sümpfen oder in Mägen von Wiederkäuern. Eine Kuh, die täglich fünf Kilogramm Heu futtert, produziert 191 Liter Methan am Tag. Man kann sich vorstellen, inwieweit die Zunahme der Massentierhaltung Anteil hat am Anstieg der Methanabgabe in die Atmosphäre. Aber auch der Naßreisanbau, die Verbrennung von Biomasse, Mülldeponien sowie Verluste bei der Förderung und dem Transport von Erdgas tragen zur Methanerzeugung bei. Methan ist mit etwa 13 Prozent an der globalen Erwärmung der Erde beteiligt.

Ozon: Bodennahes Ozon, bestehend aus Stickstoffverbindungen und Kohlenwasserstoffen, welche von der Industrie und dem Autoverkehr erzeugt werden, ist etwa zu 7 Prozent am Treibhauseffekt beteiligt.

Lachgas: Lachgas entsteht bei der Verbrennung von fossilen Rohstoffen und beim Einsatz von Kunstdünger. Es trägt mit 5 Prozent zur globalen Erwärmung des Klimas bei.

Fluorkohlenwasserstoffe: Die FCKWs haben die intensivste Treibhauswirkung. Die Menschheit produziert jährlich etwa

22 Milliarden Tonnen FCKWs. Sollte es zu keinen gravierenden Veränderungen kommen, so werden es bis zum Jahr 2030 etwa 40 Milliarden Tonnen sein. Sie sind zur Zeit mit 18 Prozent an der globalen Erwärmung des Klimas beteiligt.[30]

Die Folgen der globalen Erwärmung

Auf die Frage nach den zu erwartenden Folgen der globalen Erwärmung antwortete der Max-Planck-Metereologe und Leiter des *World Climate Research Programms* in Genf, Hartmut Grassl, daß sich in Zukunft eine Verschiebung der Niederschlagsgürtel sowie veränderte Wetterextreme andeuten. Klimamodelle zeigen, daß in den Tropen die Niederschlagsmenge von Jahr zu Jahr unterschiedlicher ausfällt. Das könnte zum Beispiel für den Nordosten Brasiliens bedeuten, daß in einem Jahr Dürre herrscht, es im Jahr darauf aber zu Überschwemmungen kommen kann. Dann folgen zwei Jahre mit ausgeglichenen Niederschlagsmengen, anschließend wieder extreme Regenmengen.

Es ist sehr wahrscheinlich, daß durch die globale Erwärmung auch die Monsunzirkulation zunimmt. Das würde Regionen betreffen, in denen drei Fünftel der Erdbevölkerung leben. Es wird sehr regenreiche Monsunjahre mit enormen Überschwemmungen, aber auch sehr trockene Dürrezeiten geben.

Diese extremen Klimaverhältnisse beschleunigen die Abtragung fruchtbaren Bodens. Auch Mitteleuropa ist nach Grassls Einschätzung in der Zukunft von den Klimaveränderungen betroffen. So sind Hochwasser, die bisher durchschnittlich alle 10 Jahre auftraten, häufiger zu erwarten. Ferner ist mit Überschwemmungen in einem bisher nicht bekannten Ausmaß zu rechnen, bei denen zum Beispiel in den Häusern von Köln das Wasser möglicherweise bis zum zweiten Stock stehen wird.[31]

Die Erhöhung der Lufttemperatur

Es liegen Modellrechnungen vor, aus denen hervorgeht, daß als Folge der globalen Erwärmung im Vergleich zu 1990 und bis zum Jahr 2100 mit einer Erhöhung der durchschnittlichen Jahres-Lufttemperatur um ein bis dreieinhalb Grad Celsius und einer damit verbundenen Erhöhung des Meeresspiegels um 15 bis 95 Zentimeter zu rechnen ist.[32]

Die abzusehenden negativen Auswirkungen auf die Gesundheit der Lebewesen der Erde würden erheblich sein. Inselstaaten, wie auch meeresnahe und tiefgelegene Festlandregionen wären existenziell bedroht. Geht man von einer Temperaturerhöhung von 1,5 Grad aus, so würde der Wasserstand um 20 Zentimeter, bei einem von 4,5 Grad sogar um 140 Zentimeter ansteigen. In diesem Fall wären, so der Umweltexperte Ervin Laszlo, rund zwei Milliarden Menschen, die weltweit an den Küstenstreifen bis etwa 60 Kilometer ins Landesinnere leben, von Überschwemmung bedroht. Dies hätte eine Umsiedlung von mehreren Millionen Menschen zur Folge, was die Zivilisation vor unlösbare wirtschaftliche, versorgungstechnische und soziale Fragen stellen würde.[33]

Der amerikanische Politiker Al Gore sieht in der Zukunft zumindest eine Völkerwanderung voraus, die von der globalen Erwärmung verursacht sein wird: Etwa 10 Millionen Einwohner von Bangladesh werden ihre Heimat verlieren, wenn in den nächsten Jahrzehnten aufgrund der Globalerwärmung der Meeresspiegel steigt. Die von Menschenhand verursachten globalen Klimaveränderungen werden wahrscheinlich fünfmal so groß sein wie die Schwankungen, die die kleine Eiszeit auslöste.[34]

Die Verantwortlichen der Klimaveränderungen

Obwohl in den sogenannten Entwicklungsländern 80 Prozent der Weltbevölkerung lebt, sind die Menschen in diesen Teilen der Welt nur zu einem Bruchteil für den Ausstoß an Treibhausgasen verantwortlich. Rund 80 Prozent der Emissionen gehen laut *WWF* auf das Konto der Industrienationen. Im Vergleich mit einem Bewohner aus den Entwicklungsländern hat ein typischer Industriestaat-Konsument im Laufe der 80er Jahre bis zu einhundertmal mehr nicht erneuerbare Ressourcen verbraucht. Ein einziger Mensch in den USA belastet heutzutage die Atmosphäre mit ebensoviel Kohlendioxyd wie 95 Menschen in Kenia.[35]

Vater Wind

Ich sitze auf der Anhöhe eines Berges im Schutz von Steinmassiven. Die Luft ist klar und frisch. Wie weit doch der Blick reicht, hier oben. Dies ist der Platz, der mir Heimat sein wird und Geborgenheit schenkt – für die Zeit der Visionssuche. Es ist kein Laut zu hören außer dem Rauschen des Windes. Mein Herzschlag paßt sich dem Ur-Rhythmus der Erde an. Wie viele Stunden sitze ich schon hier? Ich weiß es nicht. Die Zeit ist wie ausgelöscht aus meinem Leben. Bilder kommen hoch. Manche verweilen, andere ziehen weiter. Weit weg sind Gedanken und Gefühle aus dem Alltagsleben, so weit, als ob es sie nie gegeben hat. Ich schließe meine Augen und öffne mich den Urkräften der Natur. In der Stille des Augenblicks fließen Worte aus mir, die in der Weite des Berges verhallen:
Vater Wind, lasse uns durch Deinen Atem Deine erfrischende Kraft spüren und reinige unseren Geist, um uns Klarheit zu vermitteln. Klarheit, die wir benötigen, um zu erkennen, daß wir nur ein winziges Rad in der Geschichte der Erde sind und wir uns einzufügen haben in den Kreis der Erd-Familie.
Vater Wind, Dein Atem ist die Luft. Ich danke Dir, daß Du sie den Geschöpfen der Erde Tag für Tag zur Verfügung stellst.
Vater Wind, ich danke Dir dafür, daß Du Dich den Lebewesen der Erde Tag für Tag schenkst, ohne einen Preis dafür zu verlangen oder einen Nutzen daraus zu ziehen. Du erfrischst uns in der Hitze des Sommers und trocknest unsere Tränen in Zeiten des Leids. Manchmal erscheinst Du übermächtig und fegst mit Deiner gewaltigen Kraft alles Erschaffene zur Seite. In diesem Moment dürfen wir gewahr werden, daß die Macht der Natur größer ist als die der Menschheit. Du lehrst uns, daß wir nur in Gemeinschaft mit den Elementen leben können, sie jedoch nie beherrschen werden. Für diese Einsicht möchte ich Dir danken, Vater Wind.
Langsam öffne ich meine Augen. In der Ferne ziehen sich Wolken zusammen. Sie treiben auf meinen Platz zu. Sind es die Abgesandten des Windes, die eine Botschaft mit sich tragen?

Das Gleichgewicht der Elemente

Die Auswirkungen der Störungen der Elemente Feuer, Erde, Wasser und Luft, wie sie im einzelnen dargestellt wurden, sind eng miteinander verknüpft. Zum Beispiel stehen die durch die Verbrennung von fossilen Energieträgern und die durch das Abholzen der Wälder verursachten Klimaveränderungen entstandenen Probleme in direkter Wechselwirkung.

Das Verbrennen fossiler Rohstoffe wie Holz oder Kohle und das damit verbundene Austreten von Kohlendioxyd führt zur Entstehung von *saurem Regen*. Dieser wiederum hat Anteil am Waldsterben. Durch das Absterben der Bäume wird das in ihnen gespeicherte CO_2 freigesetzt und steigt in die ohnedies schon belastete Atmosphäre, was zu klimatischen Veränderungen führt. Der entstandene Klimawechsel forciert wiederum das Waldsterben.

Erst wenn die Menschheit versteht, daß die Lösung der zunehmenden Umweltkatastrophen mit dem Ausstieg aus der Zerstörung des natürlichen Kreislaufs der Elemente beginnt, erst dann sind wir auch in der Lage, das Gleichgewicht der Erde zu stabilisieren. Die Naturvölker der Erde lehren uns, daß

Mutter Erde, die Du bist unsere Heimat,
geheiligt sei Dein Boden,
Deine Weisheit strahle,
Dein Wille geschehe, wie im kleinen so im großen.
Unser täglich Brot gib uns heute
und vergib uns unsere Verfehlungen,
wie auch wir versprechen, aus unseren Fehlern zu lernen,
und führe uns auf unseren wahren Weg
und erlöse uns von unserer Unwissenheit.
Denn Du bist die Kraft, aus der wir geboren sind,
Du bist die Herrlichkeit, in der wir leben,
Du bist die Liebe, die in Ewigkeit strahlt.

---

wir anfangen müssen, auf die Botschaften der Erde, die Überschwemmungen, Erdbeben oder das Aussterben der Tier- und Pflanzenarten zu hören. Diese Zeichen drücken bestimmend aus, wie sehr wir uns mit all unserem Fortschritt und damit erhöhten Lebensstandard in eine Sackgasse begeben haben. Es ist an der Zeit, mit dem Ausstieg aus der bisher bestehenden Lebensform zu beginnen, um damit einen Einstieg in eine Verhaltensweise zu finden, die im Einklang mit dem Fortbestand der Erde steht.

Leben nach den Naturgesetzen

Die Resolution der Ureinwohner Nordamerikas

Der folgende Text wurde auf dem siebenten Treffen des Traditionellen Ältestenrates der Ureinwohner Nordamerikas (vom 27. bis 29. August 1982) auf dem gemeinsamen Nutzungsgebiet von Navajo und Hopi in *Dove Waterflow* (Arizona) verfaßt und ist an die Generalversammlung der Vereinten Nationen in New York gerichtet. Er mahnt auf eindringliche Weise, wie dringend notwendig es ist, eine Richtungsänderung im Umgang mit der Natur einzuläuten.

Brüder und Schwestern,

das Naturgesetz ist die letzte und absolute Autorität, die E Te No Ha, diese Erde, die wir unsere Mutter nennen, regiert. Dieses Gesetz vergilt uneingeschränkt, in direktem Verhältnis zu den Überschreitungen. Dieses Gesetz ist nicht barmherzig.
Es will genau das, was nötig ist, um das Gleichgewicht des Lebens aufrechtzuerhalten. Dieses Gesetz ist zeitlos und kann nicht nach den Normen der Menschheit festgelegt werden. Alles Leben ist dieser Autorität uneingeschränkt unterworfen.
Wasser ist unser Körper, Wasser ist Leben. Frisches Wasser wird durch die donnernden Großväter erhalten, die Regenbringer; um die Quellen, Ströme, Flüsse, Seen und Ozeane zu erneuern. Wir werden durch unsere Mutter Erde ernährt, von der alles Leben entspringt. Wir müssen unsere Abhängigkeit von ihr verstehen und sie mit unserer Liebe, mit Respekt und Zeremonien beschützen. Die Gesichter unserer künftigen Generationen blicken von der Erde zu uns auf, und wir schreiten mit großer Sorgfalt, um unsere Enkel nicht zu stören.
Wir sind ein Teil des großen Kreislaufs des Lebens mit vier Jahreszeiten und endloser Erneuerung, solange wir an diesem absoluten Gesetz festhalten. Sobald wir diesen Kreislauf behindern,

indem wir die Elemente stören, indem wir verändern oder Arten von Leben zerstören, können die Wirkungen unmittelbar sein oder auf unsere Kinder fallen, die für unsere Ignoranz und Gier leiden und zahlen werden.

Das Naturgesetz besagt, daß die Erde unseren Kindern – sieben künftigen Generationen – gehört, und wir sind die Hüter, die E Te No Ha um allen Lebens willen verstehen, respektieren und beschützen müssen. Das Gesetz lautet, daß alles Leben in der Großen Schöpfung gleich ist, und wir, die menschlichen Wesen, sind mit der Verantwortung beauftragt – jeder in unserer Generation –, für den Fortbestand des Lebens zu arbeiten.

Uns, den menschlichen Wesen, wurden die ursprünglichen Anweisungen gegeben, wie man mit dem Naturgesetz in Harmonie lebt. Es scheint so zu sein, daß die Völker der natürlichen, ungekünstelten Welt die einzigen sind, die an diesem Gesetz festgehalten haben. Der Ältestenrat der eingeborenen Völker der Großen Schildkröteninsel, damit beauftragt, das erste Gesetz des Lebens und der Spiritualität zu bewahren, ist besorgt, daß die Gültigkeit dieses Gesetzes nicht länger im heutigen Leben anerkannt wird. Wir sind besorgt, daß die Grundsätze des Gesetzes nicht länger an die nächste Generation weitergegeben werden. Das könnte verhängnisvoll für das Leben sein, wie wir es kennen.

Das Naturgesetz wird sich ohne Rücksicht auf von Menschen geschaffene Gesetze, Gerichte und Regierungen durchsetzen. Völker und Nationen, die das Naturgesetz verstehen, regieren sich selbst, indem sie den Grundsätzen der Liebe und des Respekts folgen – das sichert Freiheit und Frieden.

Wir sind zusammengekommen, weil wir durch die Zerstörung von Strukturen des Lebens alarmiert sind; unser Schicksal ist miteinander verflochten – was uns betrifft, betrifft alle.

Wasser ist grundlegend für das Leben, und Getreide ist das nächste. Vergiftetes Wasser wird alles Leben vergiften, Fehlen von Wasser verursacht Trockenheit, Wüsten und Tod.

Die Nationen, die in der Großen Ratsversammlung der UNO sitzen, müssen wieder das Naturgesetz lernen und sich selbst entsprechend regieren oder die Folgen ihrer Taten tragen.

Es gibt Menschen und Nationen unter Ihnen, die diese Botschaft verstehen; und wir bitten Sie, mit uns zu sein und unsere Gesänge und Zeremonien zur Verteidigung von E Te No Ha, Mutter Erde, zu unterstützen.

Der Traditionelle Ältestenrat[36]

Schweigen

»Was ist das?« fragt der Junge den Alten. Das Flackern des Feuers spiegelt sich in dem Gesicht des alten Mannes. »Was ist das für ein Gefühl, wenn ich früh morgens bei Sonnenaufgang den Adler beobachte, wie er lautlos und erhaben seine Flügel ausbreitet und sich in die Luft erhebt? Dieses Gefühl, das keine Worte über meine Lippen läßt. Was ist das, wenn es mich rauszieht, mit einem Kanu den Fluß entlang zu fahren? Die Lachse zu beobachten, wie sie, einem Strom gleich, ihren ureigenen Weg entlang gleiten, und ich spüre, daß dies Heimat für mich bedeutet.«
»Warum fragst du? Warum benötigst du Worte für das, was in dir ist?« fragt der Alte.
»Der weiße Bruder sprach mich an und bat mich, ihm meine Einstellung zur Natur zu erklären. Ich konnte das, was in mir ist, nicht in Worte kleiden und nun denke ich darüber nach.«
Schweigen umhüllt die beiden.
Gemächlich nimmt der Alte ein paar Hölzer und speist damit das Feuer.

Die Heilung der Erde

Wie ein edler Mensch
die Freundlichkeit der liebenden Mutter erkennt
und sie zu erwidern versucht,
sollten wir die Erde,
die universale Mutter,
die alles in gleichem Maße nährt,
mit Zuneigung und Sorgfalt betrachten.
DALAI LAMA

Nach den vorangegangenen Beschreibungen wird deutlich, wie wichtig es ist, sich einer erdheilenden Lebensweise hinzuwenden. Die Frage ist, ob allein die Nutzung von sanften Technologien zur Energiegewinnung ausreicht, die bestehenden Umweltprobleme zu lösen.

Sicher ist, daß die Wende hin zu einer umweltschonenden Energieversorgung, verbunden mit der Nutzung von Wind-, Wasser- und Sonnenenergie, innerhalb kürzester Zeit machbar ist. Studien vom *Wuppertal-Institut* belegen diese Aussage.[37]

Doch reicht die Kehrtwende in Richtung sanfte Energienutzung aus, die Erde zur Gesundung zu führen? Dies ist zu bezweifeln.

Erst eine *ursachenbezogene* Behandlung der gesundheitlichen Störungen von *Patientin* Erde bildet den Garant dafür, daß ein Leben auf diesem Planeten auch für die kommenden Generationen der Erd-Familienmitglieder möglich ist. Geschieht die Wende hin zu einer alternativen Energienutzung ohne eine parallel vonstatten gehende Bewußtseinsänderung der Menschheit, so kann nur von einer symptomatischen Behandlung der Umweltproblematik die Rede sein.

Das Nutzen von sanften Energiequellen zur Sicherung einer konsumorientierten Lebensweise der Menschen in den

Industrienationen ist vergleichbar mit der symptombezogenen, naturheilkundlichen Behandlung eines von Magenschmerzen geplagten Menschen, bei der der Naturheilarzt dem Patienten lediglich ein Mittel auf pflanzlicher Basis verschreibt, welches gegen die Magenschmerzen wirkt. So sinnvoll es auch ist, ein pflanzliches Medikament ohne Nebenwirkungen einzunehmen, der Ursache der Magenprobleme wird dabei jedoch nicht auf den Grund gegangen. Hier findet eine ähnliche Symptombehandlung statt, als würde der Betroffene einen Schulmediziner zu Rate ziehen, der ihm ein allopathisches Medikament samt möglichen Nebenwirkungen reicht. Sicherlich wirkt das pflanzliche Medikament schonender. Es mag auch die Symptome der Magenschmerzen beheben, doch wirklich heilen kann es nicht. Die wahren Ursachen der Magenerkrankung, wie zum Beispiel Streß, Überarbeitung, Kummer oder eine falsche Ernährungsweise werden mit dem Mittel nicht behoben. Kümmert sich der Mensch nicht um seine unerfüllten Lebensaufgaben, so findet der Körper Wege und Mittel, um auf sich aufmerksam zu machen, so lange, bis der Mensch es gelernt hat, sein Leben zu ändern. Begleitend ist es sicherlich sinnvoll, ein pflanzliches Medikament einzunehmen.

Der Vorgang des Verabreichens von pflanzlichen Naturheilmitteln ist auf den der Nutzung von sanften Energieträgern zur Lösung der Umweltprobleme übertragbar. Sicherlich stört der Einsatz von Sonnen- und Windenergie das Gleichgewicht der Erde nicht. Doch ohne das Bearbeiten der Wurzeln der Umweltkatastrophen wird der Einsatz der alternativen Technologien wirkungslos bleiben.

Ursachen der Erkrankung der Erde

Aus dem Kapitel über die vier Elemente wurde ersichtlich, daß die Verantwortung für die fortlaufende Zerstörung der Umwelt beim Menschen zu finden ist. Die Frage stellt sich nun, *warum* ein Großteil der Menschheit sein Dasein auf Kosten der Gesundheit der Erde verbringt.

Oberflächlich betrachtet könnte die Frage damit beantwortet werden, daß die Menschen in den Industriestaaten einen zu hohen Lebensstandard haben, der nur durch die Ausbeutung der Ressourcen gesichert werden kann. Doch der hohe Lebensstandard macht nicht die Ursache, sondern die Auswirkung einer viel tiefer liegenden Störung aus. Es ist nicht davon auszugehen, daß wir vorsätzlich Unmengen an natürlichen Ressourcen verbrauchen und den Planeten mit riesigen Atommüllhalden belasten, um die Erde und die darauf lebenden Arten mutwillig zu schädigen. Die Ausbeutung geschieht, um das eigene Leben so gut und angenehm wie möglich zu gestalten – und bei dieser ichbezogenen, unersättlichen Lebensweise fallen Dinge an, die dem Gleichgewicht der Erde schaden.

Wenn wir uns der wahren Ursache der fortlaufenden Umweltzerstörung nähern wollen, müssen wir uns fragen, *warum* viele Menschen in den Industrienationen zuallererst an das eigene Wohlergehen denken und dann erst die Interessen anderer einbeziehen. Die Lösung dieser Frage bildet die Grundebene zur Heilung von uns selbst wie auch der Erde.

Auflösung der dualistischen Denkweise

Um die Ursachen der Erkrankung der Erde zu beheben, ist es notwendig, daß sich ein Wandel innerhalb des menschlichen Bewußtseins vollzieht. Ein Wechsel, der weg von der dualistischen Denkweise und der damit verbundenen Ich-Bezogenheit hin zu einer Wir-Bezogenheit führt.

Dort sind die Pflanzen und Tiere, und hier bin ich. Das ist die Umwelt, und hier bin ich. Dieses dualistische Denken führt unweigerlich zu einer Trennung, zu einem Nicht-Verstehen. Diese Trennung macht es uns unmöglich, die Natur wirklich zu begreifen und an ihrer Heilung mitzuwirken. Die Zunahme der Umweltkatastrophen zeigt, daß es dringend notwendig ist, diese Dualität aufzulösen und in ein Einheitsgefühl umzuwandeln. Wir sind ein Teil der Erd-Familie. All das, was unseren Familienmitgliedern widerfährt, geschieht auch mit uns selbst. Erst wenn das Bewußtsein der Menschheit diesen Einheitsgedanken, oder vielmehr dieses Einheitsgefühl, integriert, erst dann kann auch die Erde gesunden.

Je mehr wir uns mit der Vision der Erd-Heilung auseinandersetzen, desto klarer reift auch das Verständnis, daß jeder Mensch zwar eine eigene autarke Persönlichkeit ist, diese aber als Teil eines großen Ganzen zu verstehen ist. Lösen wir die scheinbare Dualität, die zwischen uns und der Erd-Familie besteht, auf, so begeben wir uns auf den Pfad der Erd-Heilung. Unweigerlich ergibt sich durch die Überwindung der Dualität ein Verständnis dafür, daß wir der mißbrauchten Natur ihre Würde und Anerkennung zurückgeben dürfen. Tun wir dies, so geben wir damit auch uns selbst unsere Würde zurück.

Grundlegend für die Auflösung der Dualität zwischen Erde und Mensch ist, daß wir uns selbst als etwas Ganzes und Einmaliges ansehen. Unser Körper ist genauso etwas Heiliges und Schönes wie der Körper der Erde. Die Überwindung der Dualität Erde/Mensch bedeutet nicht, daß wir uns selbst nicht mehr achten und respektieren sollten. Fehlverstanden wäre es, von nun an nur noch den Pflanzen und Tieren liebevoll zu begegnen und sich selbst zu vernachlässigen. Jedes einzelne Mitglied der Erd-Familie benötigt seine individuelle Anerkennung und Pflege und dazu gehören die Menschen selbstverständlich auch.

Liebevoll mit der Natur umzugehen heißt, auch liebevoll mit sich selbst umzugehen.

Heilung – Innen wie Außen

Die Erde zur Gesundung zu führen bedeutet auch, an dem eigenen inneren Heilsein zu arbeiten. Das Wohlbefinden der Erde und das Heil-Sein der Menschen sind untrennbar miteinander verbunden. Wenn unser Körper, unsere Seele und unser Geist wirklich gesund sind, hätten wir keinen Grund mehr, unser Leben auf Kosten der Erde zu führen. Ein wirklich heiler Mensch richtet seine Bedürfnisse so aus, daß dadurch so wenig wie möglich Leid im Außen entsteht.

Das Nicht-Heilsein der Menschheit bildet damit die grundlegende Ursache für die massive Störung des Gleichgewichts der Erde.

Der erste Schritt zur Heilung der äußeren Natur ist die Gesundung der inneren Natur des Menschen.

Es ist sicherlich kein Zufall, daß parallel zu dem stetig schlechter werdenden Zustand der Patientin Erde weltweit die Zahl der Erkrankungen bei den Menschen zunimmt – trotz der fortschrittlichen Entwicklung der Medizin. Das Krank-Sein der Menschen und der Erde stehen in unmittelbarem Zusammenhang. Die Pflege der Natur hat somit auch etwas mit der Gesundung der gesamten Menschheit und des einzelnen Individuums zu tun. Wenn wir die Heilung der Erde fördern, so wirkt sich dies auch auf unsere eigene Gesundheit positiv aus. Das Wohlsein der Erde ist eng verknüpft mit dem Heil-Sein jedes einzelnen Menschen, genauso wie die Gesundheit des Einzelnen verbunden ist mit dem Wohlbefinden der Erde.

Die Beachtung der eigenen Bedürfnisse

Um die Erde zur Gesundung zu führen, bedarf es einer Veränderung der Lebensgewohnheiten der Menschen in den Industrienationen. Diese Veränderung kann nur aus einer richtigen Selbsterkenntnis heraus wachsen. Damit wir diese Selbsterkenntnis fördern können, ist es wichtig zu lernen, unsere wahren Bedürfnisse zu achten und zu erfüllen, zum Beispiel die nach Liebe, Frieden, Harmonie und Geborgenheit. Unser Verstand versucht diese Bedürfnisse oft mit äußeren Konsumprodukten zu kompensieren. Diese Kompensationen beinhalten jedoch keine ursächliche Lösung, sie sind nicht in der Lage, unsere emotionale Unausgeglichenheit zu beseitigen. Sie können unseren Frust nur für kurze Zeit vergessen machen. Beheben wir nicht seine Ursachen, so holt er uns unweigerlich nach kurzer Zeit wieder ein.

Die bewußte Wahrnehmung unseres Körpers und unserer Seele führt dazu, daß wir uns wieder selbst spüren, unsere wahren Bedürfnisse erkennen und diese auch in Erfüllung bringen. Wir wirken damit einer in den Industrienationen weitverbreiteten Selbstentfremdung entgegen.

Menschen, die ihren Streß, ihre Unausgeglichenheit, ihre Angst, ihr Nicht-Geliebtwerden, ihr Alleinsein, ihre Trauer, ihre Langeweile, ihr Keinen-Sinn-im-Leben-Sehen erlösen, indem sie an deren Beseitigung arbeiten, benötigen kein überhöhtes Konsumverhalten zum Kompensieren mehr. All die Ersatzbefriedigungen, die uns unsere hochzivilisierte Welt anbietet (Nikotin, Drogen, Alkohol etc.) müssen nicht mehr benutzt werden, um damit die eigenen unerfüllten Bedürfnisse zu sublimieren. Eine Vielzahl der *Zivilisationserrungenschaften* wird durch das bewußte Wahrnehmen der wirklichen Bedürfnisse überflüssig.

Haben wir gelernt, ein Gefühl für unseren Körper zu entwickeln, so fällt es uns auch leichter, den Körper der Erde und die damit verbundenen Belange aller Lebewesen wahrzunehmen.

Du kannst die Welt nicht heilen,
ohne dich davor selbst geheilt zu haben.
Elisabeth Kübler-Ross

Den inneren Reichtum entdecken

Je mehr wir aus unserem *inneren* Reichtum schöpfen, desto weniger benötigen wir zu unserem Glück materielle Güter, die uns das Leben versüßen und deren Produktion oder Handhabung die Umwelt schädigen. Das Schöpfen aus dem inneren

Reichtum bewirkt, daß wir uns mehr und mehr von den Krücken befreien, die wir brauchen, um Streß, Frust, Haß oder Nicht-Anerkanntsein zu kompensieren.

Als Zwischenschritt dorthin kann uns die Natur behilflich sein, glücklich zu werden, ohne die Erde dabei zu schädigen. Der Anblick einer Rose oder das Sitzen an einem Flußlauf können dann ausreichen, um in uns ein Gefühl der Freude aufkommen zu lassen. Irgendwann benötigen wir auch diese äußeren Hilfen nicht mehr und schöpfen die Fülle des Glücklichseins ganz aus unserer Tiefe heraus. Das Loslassen all der äußeren Güter, die man aufgrund der Entdeckung des inneren Reichtums nicht mehr benötigt, geht einher mit einem tiefen Gefühl der Unabhängigkeit, welches frei von Verlustängsten ist.

Ein Beispiel zur *inneren* und *äußeren Freiheit* aus der Philosophie des Buddhismus liefert der vietnamesische Mönch Thich Nhat Hanh in seinem Buch *Das Glück einen Baum zu umarmen*: »Eines Tages weilte der Buddha zusammen mit etwa dreißig Mönchen in einem Hain … als ein Bauer vorüberkam, der sehr aufgeregt aussah. Er sagte, ihm seien alle seine zwölf Kühe davongelaufen. … Er fügte noch hinzu, daß er zwei Morgen Sesampflanzen besitze, die jedoch von Insekten vertilgt worden seien, und sagte: ›Mönche, ich werde wohl sterben. Ich bin der unglücklichste Mensch auf Erden.‹ … Nachdem der Mann gegangen war, wandte der Buddha sich an seine Mönche und sprach: ›Freunde, ihr könnt euch glücklich schätzen, daß ihr keine Kühe besitzt.‹«

Überflüssiges wird ausgetauscht

Indem wir uns nach und nach von materiellen Dingen unabhängig machen und dafür aus dem inneren Reichtum Freude schöpfen, tauschen wir das überflüssige Alte gegen etwas wunderschönes Neues ein. Wir werden dann nicht mehr das Gefühl haben, auf etwas verzichten zu müssen, da wir von dem Schatz des inneren Reichtums erfüllt sind.

Das Praktische am inneren Wohlstand ist, daß niemand vermag, ihn uns wegzunehmen, im Gegensatz zu materiellen Gütern, die unter großem Aufwand geschützt werden müssen, zum Beispiel durch eine Alarmanlage. Es ist eine große Befreiung, wenn man all die materiellen Güter, dessen Besitz man bisher als sehr wichtig empfand, nicht mehr vor Verlust schützen muß. Dieses Freisein von äußeren Umständen fördert den Heilungsprozeß, der von Innen kommt und sich auf das Außen, sprich die Umwelt, positiv auswirkt.

Wenn wir uns davon lösen, im Äußeren mehr und mehr anzusammeln und mehr haben zu wollen als unsere Mitmenschen, so werden wir dadurch frei und ungebunden. Wir können nichts mehr verlieren im Leben, da wir an nichts mehr anhaften, und wenn wir etwas verlieren, so erschüttert es uns nicht mehr so, wie es vielleicht in der Vergangenheit noch der Fall war. Hat der Einzelne gelernt, unabhängig von materiellen Dingen zu sein und sich an seinem inneren Reichtum zu erfreuen, so pflanzt sich dieser Same unweigerlich fort und geht auch auf andere Menschen und die gesamte Erd-Familie über.

Haben wir gelernt, uns von der Haftung an den äußeren Gütern zu lösen, nicht mehr abhängig von ihnen zu sein, steht uns viel Energie zur Verfügung, die uns hilft, uns unsere wahren Bedürfnisse zu erfüllen. Diese frei gewordene Energie kann darüber hinaus genutzt werden, sich an dem Arbeitsprozeß zur Gesundung der Erde zu beteiligen.

Eine Meditation sowie die Kontemplation können hilfreich dabei sein, den inneren Reichtum zu entdecken. Auch der Aufenthalt in unberührter Natur ist ein guter Wegbereiter zur Entdeckung der inneren Freiheit, zum Beispiel das Verweilen an einem alten Baum oder der Aufenthalt an einem still gelegenen See. Leider werden diese *Plätze der Kraft* von der fortschrittlichen Zivilisation mehr und mehr verdrängt.

Um so wichtiger ist es zu begreifen, daß zwischen der Abnahme von unberührter Natur und der Selbstentfremdung der Menschen ein enger Zusammenhang besteht. Haben wir die Möglichkeit, über das Verweilen in der unberührten Natur zu unserem wirklichen Wesenskern vorzudringen, so fällt es uns leichter, genügsam zu leben und damit die Erde zu schonen.

Um so mehr wir dagegen unser Leben auf den Konsum industriell hergestellter Produkte ausrichten, desto mehr ist die Natur gefordert, ihren Platz für die Produktion der Güter zu räumen. Ein Kreislauf, den es zu unterbrechen gilt.

Genügsame Ladakhis

In puncto *genügsam leben* sind die Einwohner Ladakhs (ein zu Indien gehörender Himalaya-Staat) wahre Meister. Was in unserer zivilisierten Welt schon längst für vollkommen abgenutzt und wertlos gehalten wird, findet bei den Ladakhis immer noch eine Verwendung. Bei ihnen wird so gut wie nichts weggeworfen. Was nicht gegessen werden kann, wird an Tiere verfüttert, was nicht zum Verfeuern genutzt werden kann, wird als Dünger für den Boden genutzt. Die Bewohner Ladakhs flicken ihre selbstgewebte Bekleidung so lange, bis diese nicht mehr reparierbar ist. Ist ein abgetragenes Kleidungsstück überhaupt nicht mehr reparabel, so wird es mit Lehm an einer Schwachstelle eines Bewässerungskanals zum Leckverhindern angebracht. Mist wird bei ihnen nicht nur in den Ställen gesammelt, sondern auch von den Koppeln geholt und als Dünger auf die Felder verteilt. Auch die menschlichen Exkremente werden genutzt. Bei den Ladakhis nutzt jedes Haus Latrinen zum Kompostieren. Einmal jährlich werden diese geleert und der Inhalt wird auf die Felder transportiert.

Diese Beispiele verdeutlichen, daß es bei den Bewohnern Ladakhs praktisch keinen Abfall gibt. Zwar verfügen die Landwirte dort über wenig Ressourcen, doch haben sie es geschafft, sich nahezu autark von der übrigen Welt zu versorgen – nur Salz, Tee und einige Metalle, die sie zur Herstellung von Werkzeug und Kochgeschirr benötigen, werden zugekauft.[38]

Auch für die Buddhisten spielt die Genügsamkeit in ihrem Leben eine große Rolle. So schreibt zum Beispiel Ayya Khema in ihrem Buch *Nicht so viel denken, mehr lieben*, daß es eine buddhistische Ordensregel für Nonnen und Mönche gibt, welche besagt, daß alte und unansehnlich gewordene Roben als Sitzunterlagen weiter benutzt werden sollen. Sind diese auch dafür abgenutzt, sollten die Roben dazu verwendet werden, um die Füße beim Eintreten in die Meditationshalle abzutreten.

Die genannten Beispiele der Ladakhis und der buddhistischen Ordensregel mögen vielleicht auf den ersten Blick als extrem erscheinen. Sie dienen als Anregung, sich selbst zu hinterfragen, ob im alltäglichen Leben bestimmte Dinge nicht vielleicht doch noch länger genutzt werden könnten, bevor sie weggeworfen werden. Seien es nun Kleidungsstücke, die nicht mehr ganz der Mode entsprechen oder reparaturbedürftig sind, oder Haushaltsgeräte, die vielleicht nicht mehr dem heutigen Zeitgeist entsprechen, aber ihre Aufgaben immer noch zufriedenstellend erfüllen.

Die Seele der Erde wahrnehmen

Wollen wir den Gesundungsprozeß der Erde fördern, so ist es an der Zeit, daß wir lernen, auf die Botschaften der Natur zu hören. Die Naturvölker leben dieses Prinzip schon seit Jahrtausenden und können uns deshalb als Lehrmeister hilfreich sein. Lernen wir die Natur zu verstehen, nehmen wir auch die Seele der Erde wahr. Es geht dabei nicht in erster Linie darum, die Natur mit dem Intellekt zu verstehen, sondern auf der Gefühlsebene mit ihr in Kontakt zu treten.

Begeben Sie sich dazu in die Natur, und versuchen Sie sich als Teil der Umwelt zu fühlen: als Teil des Waldes, als Teil des Baches, als Teil der Lichtung, als Teil des Sandkorns.

Versuchen Sie die Natur mit Ihrem Gefühl wahrzunehmen. Was wollen Ihnen der Baum oder der Stein mitteilen?

Wenn wir uns in unsere Umwelt einfühlen und lernen, sie zu verstehen, so ist damit der Grundstein gelegt, die Erde zu heilen.

Die allumfassende Liebe

Das wirksamste Mittel, den Raubbau, der von den Menschen an der Erde begangen wird, zu beenden und dadurch der Natur zu helfen, sich zu regenerieren, ist das Praktizieren der *allumfassenden Liebe*. Damit ist eine Liebe gemeint, die jeden Grashalm, jeden Stein, jeden Baum, jedes Tier, den Wind, die Meere und Seen wie auch alle Mitmenschen sowie sich selbst uneingeschränkt ins Herz schließt. Der Weg hin zu einer erdheilenden Lebensweise ist tief verbunden mit dem Beschreiten des Weges hin zur allumfassenden Liebe.

Das Praktizieren der allumfassenden Liebe ist das Ziel des Weges, auf dem sich jeder Mensch bewußt oder unbewußt befindet. All die Aufgaben, die uns das Leben von Geburt an stellt, sind einzig und allein dafür da, unser Heil-Sein zu erreichen und ganz in der Liebe zu sein. All das, was uns in unserem Leben widerfährt, in guten wie in schwierigen Zeiten, all das, was wir im Außen wahrnehmen, in uns selbst erfahren, all die Polaritäten, die für uns so oft unverständlich sind, dienen einzig und allein dafür, daß wir reifen, um Schritt für Schritt diesem Ziel näherzukommen. Ist dieses Ziel erreicht, so entsteht im Innen wie im Außen, bei dem einzelnen Menschen wie auch bei der gesamten Erde, wahre Heilung. Doch bis es soweit ist, gilt es, verschiedene Stufen zu begehen.

Die höchste Kraft ist die Liebe.
MEISTER ECKHART

Sich selbst lieben

Der liebevolle Umgang mit sich selbst bildet das Fundament der allumfassenden Liebe. Wenn wir in uns zufrieden sind, wenn unser Leben innen wie außen in Harmonie verläuft, dann fällt es uns am leichtesten, uns selbst so zu akzeptieren, wie wir sind. Auch hier bedingt wieder das eine das andere: Können wir uns selbst so annehmen, wie wir sind, ist auch unser Inneres im Gleichgewicht, was sich entsprechend positiv auf das Äußere auswirkt.

Die eigene Mitte finden

Malidoma Patrice Somé vom Volk der Dagara in Burkina Faso beschreibt in seinem Buch *Vom Geist Afrikas* seine Teilnahme an einem Initiations-Ritual. Dort erzählte einer der Stammesältesten, daß jeder Mensch von Geburt an einen *Mittelpunkt* besitzt. Kein Mittelpunkt eines Menschen ist identisch mit dem eines anderen. Im Laufe unseres Lebens entfernen wir uns mehr und mehr von unserer Mitte. Wir sollen uns aber unserer Mitte wieder bewußt werden, sie finden und bei ihr bleiben. Denn ohne unseren Mittelpunkt sind wir nicht in der Lage zu sagen, wer wir sind, woher wir kommen und wohin wir gehen.

Diese Worte des Ältesten lassen sich sehr gut auf die Lösung der Umweltprobleme übertragen. Es ist zwar wichtig, daß wir uns in den Kreis der Erd-Familie einreihen, dieses Einreihen sollte jedoch *nicht* einhergehen mit einer Aufgabe der eigenen Persönlichkeit, mit einer Nicht-Berücksichtigung der eigenen Entwicklung und Bedürfnisse. Eine unserer Lebensaufgaben besteht darin, unsere eigene Mitte zu entdecken und sie zu fördern. Jeder Mensch ist etwas Besonderes und hat ganz individuelle Fähigkeiten. Es ist wichtig, diese auch auszudrücken.

In jedem von uns wohnt der göttliche Funke, und unsere Aufgabe ist es, diesen zum Leuchten zu bringen. Leben wir dieses Prinzip, so stehen wir auch mit unserer Mitte in Kontakt. Jeder beschreitet dabei seinen ganz persönlichen Weg und befindet sich doch geborgen in der Gemeinschaft der Erd-Familie.

Befinden wir uns in unserer Mitte, so schöpfen wir die Kraft, die wir benötigen, um harmonisierend auf die Umwelt einzuwirken. Den eigenen Mittelpunkt zu leben bildet keinen Widerspruch dazu, sich in den Kreis der Erd-Familie einzureihen. In seiner persönlichen Mitte zu sein ist die Grundlage dafür, der Entfremdung von sich selbst wie auch seiner Umwelt entgegenzuwirken.

Wir müssen nicht immer gewinnen!

Problematisch wird es mit dem Praktizieren der Eigenliebe, wenn einmal nicht alles im Leben so läuft, wie es unser Verstand für richtig hält. Auch wenn wir zum Beispiel von unseren Mitmenschen kritisiert und weder angenommen noch geliebt werden, gibt es keinen Grund in diesen schwierigen Zeiten, sich selbst zu verachten. Jeder Mensch ist einmalig auf dieser Welt, mit all seinen Stärken und Schwächen. Damit wir uns selbst lieben können, ist es wichtig, daß wir uns so annehmen, wie wir sind. Es ist nicht zwingend notwendig, große Taten zu vollbringen und im Konkurrenzverhalten der Menschheit auf der Gewinnerseite zu stehen.

*Allein seines Daseins wegen
ist jeder Mensch liebenswert.*

Jeder von uns hat in seinem Leben ganz bestimmte, individuell auf ihn zugeschnittene Aufgaben zu lösen. Alle Menschen befinden sich auf der Erde, um an ihren Lebensaufgaben zu wirken. Kein Mensch ist besser oder schlechter als der andere. Wären wir *perfekt* und hätten unsere Aufgaben schon gelöst, wäre auch unsere Zeit auf der Erde abgeschlossen.

Unser Leben hat das Ziel, sich Schritt für Schritt dem *Eins Sein mit der Liebe* zu nähern, jeder in seinem eigenen, individuellen Tempo. Die einen gehen schneller, die anderen langsamer. Die Geschwindigkeit und die Entwicklungsstufe, auf der jeder einzelne steht, spielen dabei letztendlich keine Rolle.

Es gibt innerhalb der Menschheit einen großen Plan, dessen Seiten teils beschrieben, teils unbeschrieben sind. So ist es kein Zufall, daß wir beruflich oder privat mit ganz bestimmten Menschen zu tun haben, mit anderen wiederum nicht. Egal ob sie uns gut oder schlecht gesonnen sind: All das, was uns widerfährt, dient dazu, unser Heil-Sein reifen zu lassen. Wenn wir aufmerksam und achtsam durch das Leben gehen, spüren wir, warum gerade uns dieser Glücksfall oder dieses Malheur passiert ist. Übersehen wir die Bedeutung, so können wir sicher sein, daß eine ähnliche Situation wieder auf uns zukommt, so lange, bis wir daraus gelernt haben und die Erkenntnis in unser Leben integrieren.

Beim Reifeprozeß unserer Persönlichkeit gibt es keine unverzeihbaren Fehler, die begangen werden. Wenn wir das Gefühl haben, etwas falsch gemacht zu haben, so brauchen wir uns dafür nicht zu tadeln. Sich selbst zu demütigen, bringt uns auf unserem Entwicklungsweg nicht weiter. Besser ist es, in dem Bewußtsein zu leben, daß wir aus einer Situation, die für uns nicht optimal verlaufen ist, lernen dürfen und es beim nächsten Mal besser machen. Die buddhistische Nonne *Ayya Khema* legte in ihren Vorträgen ihren Zuhörern immer wieder die Worte »Erkennen – nicht tadeln – ändern« ans Herz. Wenn wir diesen Ausspruch tief in unsere Seele eindringen lassen, so kann das eine große Hilfe sein, auch in schweren Zeiten ganz in der Liebe zu sich selbst zu stehen.

Um eins zu sein mit der allumfassenden Liebe
bedarf es des Annehmens
all unserer Stärken und Schwächen.

Die Mitmenschen lieben

Den meisten von uns wird es sicherlich nicht schwerfallen, Menschen, die uns nahe stehen und in deren Gegenwart wir uns wohl fühlen, positiv zu begegnen. Etwas schwieriger ist es schon bei denjenigen, die uns eher gleichgültig im alltäglichen Leben sind: der Postbote, die Verkäuferin, der Busfahrer. Man hat meist ein neutrales Verhältnis zu ihnen. Oft laufen die Kontakte zu diesen Menschen gedankenlos ab. Man kauft seine Brötchen beim Bäcker und unterhält sich vielleicht über das Wetter, man grüßt im Vorbeigehen den Briefträger, und schon sind diese Menschen aus unserem Bewußtsein verschwunden.

Versuchen Sie einmal, die Menschen, die Ihnen im Alltag begegnen, ganz bewußt wahrzunehmen und ein herzliches Gefühl für sie zu entwickeln. Wünschen Sie dann aus diesem Gefühl heraus in einem stark besuchten Supermarkt der Frau an der Kasse einen schönen Tag. Nicht als Floskel, sondern wirklich aufrichtig. Sie werden sehen, wie die Augen dieser Frau zu leuchten beginnen. Deren Freude kommt natürlich wieder auf Sie zurück und wird wahrscheinlich auch die anderen Kunden beglücken, ehe sie sich verflüchtigt. Stellen Sie sich vor, was dabei ins Rollen kommt, wenn nur ein Mensch anfängt, freundlich und liebevoll nach außen zu sein. Dieser Funke geht unweigerlich auch auf die Mitmenschen sowie die gesamte Familie der Erde über.

Noch schwieriger wird es natürlich, diejenigen zu lieben, mit denen man nicht einer Meinung ist. Dies läßt sich auf vielerlei Beispiele übertragen. Innerhalb des Umweltschutzes beispielsweise gibt es die Gruppen der Politischen, der Praktiker, der Spirituellen, der Philosophen. Alle meinen von sich, daß nur sie die Lösung der Umweltprobleme in sich tragen und daß die jeweils anderen mit ihren Lösungsansätzen falsch liegen. Hier bietet sich die Möglichkeit, die Liebe auch im Außen zu üben. Das heißt, daß man sich zusammensetzt, die verschiedenen Ansichten zusammenträgt und prüft, wo die Gemeinsamkeiten liegen und was für die Erde gemeinsam bewegt werden kann. Dabei sollte die Toleranz dem anderen gegenüber nicht vernachlässigt werden. Bei den amerikanischen Ureinwohnern lernte ich, daß derjenige, der am Reden ist, einen sogenannten *Talking Stick* in die Hand bekommt, wenn man im Kreis beieinandersitzt und debattiert. Das kann zum Beispiel ein einfacher Holzstab sein. Derjenige, der diesen Holzstab in der Hand hält, kann seine Meinung äußern, alle anderen haben zu schweigen und zuzuhören, so lange, bis sie an der Reihe sind.

Wiederum schwieriger mit der Liebe wird es bei Menschen, die wir überhaupt nicht leiden können, deren Denkweise extrem konträr zur eigenen ist, die einem vielleicht sogar Leid angetan haben. Der vietnamesische Mönch Thich Nhat Hanh sagte einmal, daß die wahre Liebe ein Gefühl der Verantwortung beinhaltet. Wahre Liebe nimmt den anderen so an, wie er ist – mit all seinen Stärken und Schwächen. Schätzt man nur die guten Seiten seiner Mitmenschen, so ist dies keine Liebe. Erst wenn wir die Schwächen unserer Mitmenschen akzeptieren, erst das ist wahre Liebe.

In Liebe zu sein heißt auch, wahrhaftig zu sein und zu dem zu stehen, der man gerade ist, und nicht gekünstelt liebevoll zu seinen Mitmenschen zu sein. Die eigene Liebe zu fördern und sie auch weiterzureichen heißt nicht, zu allen Menschen immer freundlich zu sein und sie in jeder Lebenslage liebevoll in den Arm zu nehmen. In der Liebe zu sein heißt auch, jemand anderem, wenn es angebracht ist, die Meinung zu sagen.

Von einem Menschen, der schon weit vorangeschritten ist auf dem Weg hin zur allumfassenden Liebe, erzählt der Dalai Lama in seinen Buch *In die Herzen ein Feuer*: Der Abt des Namgyal Klosters war jahrelang aufgrund seiner politisch-religiösen Meinung in chinesischer Gefangenschaft. Als er endlich von seinen Peinigern entlassen wurde, konnte er ins indische Exil gehen. Er berichtete dem Dalai Lama, daß seine größte Angst in all den Jahren der Gefangenschaft war, das Mitgefühl für seine Peiniger zu verlieren. Das tibetische Oberhaupt erzählt, daß der besagte Abt trotz des langen Aufenthalts im Gefängnis sein herzliches Lachen nicht verloren hatte.

Liebet eure Feinde;
tut denen Gutes, die euch hassen.
Segnet die, die euch verfluchen,
betet für die, die euch mißhandeln.
Dem, der dich auf die eine Wange schlägt,
halte auch die andere hin,
und dem, der dir den Mantel wegnimmt,
laß auch das Hemd.
Ihr aber sollt eure Feinde lieben
und sollt Gutes tun und leihen,
auch wo ihr nichts dafür erhoffen könnt.
LUKAS EVANGELIUM 6,27–35

Eine sehr schöne Möglichkeit, sich in den Fluß der Liebe zu begeben, bietet folgende Meditation von *Ayya Khema*[39]:

Liebende-Güte-Meditation

Wir wollen die Achtsamkeit für ein paar Momente auf den Atem lenken.

Jetzt wollen wir uns einmal vorstellen, daß jedes Pochen unseres Herzens eine Liebesbezeugung ist. Jeder Herzschlag sagt zu uns: »Ich liebe dich.« Nicht weil wir liebenswert sind oder alles

richtig machen oder nur Gutes tun, sondern weil unser Herz nur lieben möchte und uns selbst diese Liebe geben will.
Jetzt schenken wir diese gleiche Liebesbezeugung demjenigen, der uns räumlich am nächsten ist. Mit jedem Herzschlag sagen wir zu diesem Menschen: »Ich liebe dich«. Unser Herz möchte dieses Gefühl zum Ausdruck bringen, denn wir können die Liebe nur in uns haben, wenn wir sie aus vollem Herzen verschenken.
Jetzt denken wir an unsere Eltern, ob sie noch am Leben sind oder nicht, und mit jedem Herzschlag schenken wir ihnen unsere Liebe. Jedes Pochen unseres Herzens sagt: »Ich liebe euch.« Wir verschenken diese Liebe ohne einen Gedanken daran, daß wir sie wiederbekommen möchten. Je mehr wir davon verschenken, desto mehr haben wir in uns.
Wir denken an unsere liebsten und nächsten Menschen, mit denen wir vielleicht zusammenleben, und jeder Herzschlag, ob wir ihn spüren oder nicht, schenkt ihnen Liebe. Jedes Pochen unseres Herzens vermittelt diesen Menschen unsere Liebe.
Wir wenden uns unseren Freunden, Bekannten und Verwandten zu. Für jeden von diesen Menschen schlägt unser Herz, verschenkt unsere Liebe, klopft an deren Herzen an, um ihnen die Liebe zu schenken. Wir sehen, wie beglückend das ist.
Jetzt stellen wir uns die Menschen vor, denen wir im Alltag begegnen, unsere Nachbarn, Arbeitskollegen, Schüler, Lehrer, Patienten, Verkäufer, Postboten, Büroangestellte, Menschen in öffentlichen Verkehrsmitteln und auf der Straße, wer immer uns in den Sinn kommt. Für jeden von ihnen pocht unser Herz voller Liebe, aus keinem anderen Grund, als daß unser Herz dafür geschaffen ist, Liebe zu verschenken. Je mehr wir das tun, desto mehr Liebe fühlen wir. Wir sehen, wie beglückend das ist, nicht nur die Liebe zu verschenken, sondern sie in unserem Umfeld zu spüren.
Jetzt denken wir an einen schwierigen Menschen in unserem Leben, den wir ablehnen oder über den wir uns geärgert haben oder der uns ablehnt oder sich über uns geärgert hat. Auch für ihn pocht das Herz in uns und sagt: »Ich liebe dich.« Es kann nichts anderes tun, wenn wir es erlauben. Wir sehen, wie erleichternd und beglückend es ist, den Ärger und Widerwillen loszulassen und nur von Herz zu Herz mit diesem Menschen zu sprechen.

Jetzt lassen wir so viele Menschen wie möglich ganz nahe an uns heran, so daß sie verspüren können, wie jeder Herzschlag Liebe verschenkt. Zuerst die Menschen, die wir kennen oder gesehen haben, und dann diejenigen, von denen wir nur gehört haben. Wir lassen all die Menschen nahe heran, die in unserer Heimatstadt leben, so daß sie die Liebesbezeugung unseres Herzens vernehmen können. Dann beziehen wir die Menschen aus anderen Dörfern und Städten mit ein, immer mehr und mehr, soweit die Kraft unseres Herzens reicht.
Nun richten wir die Achtsamkeit wieder auf uns selbst und lassen die Liebesbezeugung unseres Herzens ganz tief in uns eindringen, füllen und umhüllen uns damit. Unser Herz sagt ganz deutlich: »Ich liebe dich.« Wir fühlen uns geborgen und beschützt in diesem Gefühl, das der Natur unseres Herzens vollkommen entspricht.
Mögen alle Menschen Liebe für sich und andere in ihrem Herzen entwickeln.

Die Tiere lieben

Die uns am nächsten stehenden Tiere – die Haustiere – zu lieben wird den wenigsten schwerfallen. Man krault gerne die Katze, wirft dem Hund spielerisch einen Stock zu oder streichelt gefühlvoll ein Pferd. Oft spricht man die nahestehenden Tiere mit Kosenamen an und redet mit ihnen, als wären sie Menschen. Man hat festgestellt, daß in Krankenhäusern, in denen Menschen mit Tieren in Kontakt kommen und ihnen Streicheleinheiten zukommen lassen, sich die Genesungszeit der Patienten oft verkürzt, im Vergleich zu herkömmlichen Kliniken. Hier können wir sehr gut erkennen, was der Ausspruch bedeutet *Liebe heilt*.

Tiere, die nicht in unmittelbarer Gemeinschaft mit den Menschen leben, wie Kühe, Schweine und Hühner, haben es da schon etwas schwerer, ins Herz geschlossen zu werden. Sie sind zu vergleichen mit den Postboten und Verkäufern, die man im alltäglichen Leben meist nur unbewußt erlebt. Warum werden Tiere wie Schweine und Hühner auf engstem Raum in Massentierhaltung gehalten, wogegen Hunde, Katzen oder Meerschweinchen als Haustiere meist ein paradiesisches Leben führen? Es liegt daran, daß wir zu den Erstgenannten emotional weniger im Bezug stehen als zu den Letztgenannten.

Probieren Sie doch einmal das, was Sie bei der Verkäuferin schon geübt haben, mit einer Kuh auf der Weide aus. Gehen Sie zu ihr hin und versuchen Sie eine Verbindung zwischen sich und der Kuh herzustellen. Spüren Sie nun in Ihr Herz hinein, und versuchen Sie, ein liebevolles Gefühl für die Kuh zu entwickeln. Lächeln Sie ihr freundlich dabei zu. Sie können ihr auch direkt ein paar freundliche Worte sagen. Vielleicht wird es Sie die Kuh nicht direkt merken lassen, wie sehr sie sich darüber freut, Sie können sich aber darüber gewiß sein, daß das Rind Ihnen für den liebevollen Umgang danken wird.

Wenn es darum geht, ein Gefühl zu den Tieren zu entwickeln, sollte man nicht an die eigenen Vorteile denken. Man sollte also etwa Hühner nicht liebevoll behandeln und ihnen gut zureden, damit sie mehr Eier legen.[40] Den Tieren gut zureden, nur damit sie mehr Milch oder Eier produzieren, wäre mit dem Erhaltenwollen der Fischbestände vergleichbar, nicht der Liebe zu den Fischen wegen, sondern damit wir auch in Zukunft noch genügend Meerestiere zum Essen haben. Diese Denkweise fördert nicht den Heilungsprozeß der Erde.

Es geht vielmehr darum, den Lebewesen dieses Planeten um derentwillen mit Respekt und Liebe zu begegnen, ohne eine Gegenleistung dafür von ihnen zu erhoffen. Gibt man, in der Erwartung, etwas dafür zurückzuerhalten, so kann es zu heftigen Enttäuschungen kommen. Möglicherweise entsteht dadurch Ärger und Verbitterung, daß der unerlöste Teil unserer Persönlichkeit nicht bestätigt wird, wenn man freundlich zu jemandem gewesen ist, diese Freundlichkeit aber nicht belohnt wird. Sind wir eins mit uns selbst, so bedarf es keiner Bestätigung unserer guten Taten von außen. Entsprechend sind wir auch vor Enttäuschungen gefeit, die unser Gemüt belasten. Das Aufgeben von Erwartungshaltungen hat auch etwas mit unserem Heilungsprozeß zu tun, welcher wiederum eng im Zusammenhang mit der Gesundung der gesamten Erd-Familie steht.

Ein Herz, das sich an nichts hängt,
liebt um der Liebe willen
und nicht um des Geliebten willen.
Das ist das offene Geheimnis von der Liebe,
die inneres Glück und inneren Frieden bringt.
AYYA KHEMA

Haben wir an den uns bislang nicht näherstehenden Tieren geübt, ihnen herzlich zu begegnen, so erfolgt der nächste Schritt, der vergleichbar ist mit der Liebe zu den uns nicht wohlgesonnenen Menschen. Es ist der tolerante und herzliche Umgang mit Mücken, Wespen, Nagetieren, Maulwürfen, Spinnen und all den anderen Wesen, die uns das Leben oft nicht gerade erleichtern. All diese Tiere haben genau wie wir Menschen ein Recht zu leben. Sie erfüllen ganz bestimmte Aufgaben auf der Erde. Versuchen Sie doch einmal die Handlungsweise einer Mücke, die Sie vom Einschlafen abhält, zu verstehen. Denken Sie daran, daß die Mücke darauf angewiesen ist, ihr Blut zu kosten. Es ist ihre Nahrung. Warum haben wir das Recht, andere Tiere zu verspeisen, und sind nicht dazu bereit, einer Mücke ein paar Tropfen unseres in Überfülle vorhandenen Blutes zu spenden? Der liebevollen Zuneigung gegenüber besagten Mücken sind natürlich Grenzen gesetzt. Camper, die schon einmal in Schweden Urlaub gemacht haben, wissen, was ich meine. Lieben heißt nicht, keine Grenzen setzen zu dürfen, wenn das eigene Wohlbefinden durch die Attacken anderer in Mitleidenschaft gezogen wird. Man darf beim liebevollen Handeln nicht vergessen, sich selbst zu schützen. Wenn die Bewohner des Dschungels von einem wilden Tier angegriffen werden, so wehren sie sich und töten es, wenn es sein muß. Das widerspricht nicht dem Weg der Liebe.

Im Unterschied zu den *zivilisierten* Menschen töten die Ur-Völker (wenn sie noch nicht mit der Zivilisation in Kontakt getreten sind) nur dann Tiere, wenn sie sie wirklich zur Deckung ihres Grundbedarfs benötigen oder zum Selbstschutz.

Sie verwenden nicht nur das Fleisch, sondern fertigen aus Häuten und Knochen Gegenstände an, die sie im Alltag benötigen. Sie verlieren auch nie die Achtung vor dem, was sie erlegt haben.

Die Pflanzen lieben

Genau wie unsere Mitmenschen und die Tiere sind auch Pflanzen mit Leben und Gefühlen erfüllt, wenn auch auf einer anderen Weise, als es sich unser menschlicher Verstand vorzustellen vermag.

Um an dem Gleichgewicht der Erde zu wirken, ist es wichtig, die Seele der Pflanzen zu verstehen. Hier können wir viel von den Naturvölkern lernen, für die es selbstverständlich ist, mit Pflanzen zu sprechen, ihnen respektvoll zu begegnen, sie sogar zu verehren. Es gibt Medizinmänner, die zu Heilungszwecken mit Pflanzen kommunizieren und sie zu Rate ziehen.[41]

Daß beim Anbau von Nahrungspflanzen auf den Einsatz von Kunstdünger und Pestiziden verzichtet werden sollte, ist keine Frage. Genauso wichtig ist es jedoch, während des Anbaus, der Wachstumsphase und der Ernte Verbindung zu den Pflanzen aufzunehmen und mit ihnen zu kommunizieren.[42]

Nicht im Sinne der Natur wäre es allerdings, den Pflanzenanbau ökologisch zu betreiben, einzig um das Wachstum der Pflanzen zu fördern, um damit eine bessere Ernte zu erwirtschaften. Der Bio-Anbau und die Kommunikation mit den Pflanzen dienen dazu, etwas Gutes *für* die Pflanzenwelt und *für* die Erde zu tun. Wenn dabei die Ernte gut ausfällt, so ist dies eher als ein Nebenresultat anzusehen.

Ich selbst habe die Erfahrung gemacht, daß die Kultur- wie auch die Wildkräuter durch einen herzlichen Umgang immens zum Wachstum angeregt werden. Ein von Freunden und mir bewirtschafteter Acker wurde durch unsere gute Behandlung zu einem wahren Pflanzenparadies. Interessant dabei ist, daß der Teil *unseres* Gartens, der von jemand anderem auf *konventionelle* Art bewirtschaftet wurde, das heißt ohne liebevolles Zusprechen, spärlicher im Wuchs ausfiel, obwohl die Grundvoraussetzungen wie Boden, Düngung und klimatische Verhältnisse identisch waren.

Den von uns geschätzten Zimmerpflanzen und Gartengewächsen in Liebe zu begegnen, dürfte nicht schwerfallen. Probieren Sie doch einmal aus, eine Zeitlang vor einer Rose zu verweilen. Versuchen Sie, den Duft, die Farbe, das ganze Wesen dieser Blume mit ihrer Schönheit in Ihr Herz aufzunehmen. Sie können daraus regelrecht eine Meditation machen. Probieren Sie diese Meditation auch mit anderen Pflanzen aus, die Ihnen nahestehen.

Nachdem Sie an nahestehenden Pflanzen geübt haben, sie in Ihr Herz aufzunehmen, erfolgt nun der nächste Schritt. Begeben Sie sich dazu in die Natur, und versuchen Sie, sich in die Pflanzen, die am Wegesrand stehen, hineinzufühlen. Pflanzen, denen Sie üblicherweise keine Beachtung schenken. Nehmen Sie sich Zeit dazu. Auch die Wildpflanzen haben ein Recht darauf, verstanden und geliebt zu werden. Wie oft schlendern wir gedankenverloren durch die Natur und nehmen gar nicht wahr, daß um uns herum Leben ist, das es zu entdecken und zu verstehen gilt. Daher die Empfehlung, während einer Wanderung oder eines Spaziergangs öfter einmal zu verweilen und die umstehenden Pflanzen in ihrem ganzen Wesen zu betrachten, mit ihnen zu reden und sich auszutauschen.

Der nächste Schritt ist, die Gewächse ins Herz zu schließen, die uns hartnäckig stören – das sogenannte Unkraut. Allein das Wort *Unkraut* drückt schon aus, welchen Stellenwert die Wildpflanzen bei den meisten Menschen haben. Die Gen-Technik ist in der Lage, Kulturpflanzen, wie zum Beispiel Mais und Sojabohnen, so zu manipulieren, daß diese resistent gegen Unkrautvernichtungsmittel sind. Man kann die Felder dann flächendeckend mit Giften bearbeiten, die sämtliches *Unkraut* vernichten, die genmanipulierte Pflanze aber am Leben lassen. Die Nutzpflanze überlebt, alle anderen unkrautartigen Pflanzen werden abgetötet. Das ist das Konzept, das hinter der Entwicklung von gentechnisch veränderten, herbizidresistenten Pflanzen steht. Diese Vorgangsweise soll für den Landwirt einfacher und für die Industrie lukrativer sein. Für die menschliche Gesundheit ist der Gentechnikeinsatz allerdings nicht ganz ungefährlich. Durch gentechnische Manipulation überstehen herbizidresistente Pflanzen zumindest äußerlich unbeschadet den Gifteinsatz. Wirk- und Beistoffe der Herbizide und deren Abbauprodukte können aber im Pflanzeninnern erhalten bleiben. Beim Verzehr besteht die Möglichkeit, daß sie im menschlichen Verdauungstrakt ihre gesundheitsschädigende Wirkung entfalten. Gentechnische Veränderungen der Nahrungspflanze können dazu führen, daß sich unbeabsichtigt neue Stoffwechselprodukte innerhalb der Nahrungspflanze bilden. Bei herbizidresistenten Bohnen wurde zufällig entdeckt, daß diese unerwarteterweise östrogenähnliche Substanzen herstellten. Bei Versuchstieren (Mäusen), die mit den Bohnen gefüttert wurden, stellten Wissenschaftler ein verstärktes Wachstum der Gebärmutter fest.

Hauptbetroffene des Einsatzes der Gen-Technik in der Landwirtschaft sind aber nicht die Menschen, sondern die Wildpflanzen. Durch den massiven Herbizideinsatz bleibt, wie schon gesagt, die gentechnisch veränderte Pflanze bestehen, alle anderen angrenzenden Pflanzen werden wahllos vernichtet. Dadurch kommt es zu einer Verarmung der bereits bedrohlich abnehmenden Artenvielfalt. Aber damit nicht genug: Jede vernichtete Pflanzenart bewirkt das Aussterben von etwa 10 bis 15 von ihr abhängigen Tierarten. Die Gesundheit der Erde wird durch den Einsatz der Gen-Technik gestört, in Ausmaßen, die heute noch nicht abzusehen sind.

Muß Unkraut ausgemerzt werden?

Muß das sogenannte Unkraut zum Wohle der Menschheit wirklich ausgemerzt werden? Wenn man sich genauer mit der Pflanzenwelt beschäftigt, so wird deutlich, daß viele Wildkräuter einen sehr hohen Heilwert haben. So kann der sehr gut schmeckende Beifuß dem Salat beigefügt oder bei Magenstörungen und Verdauungsproblemen eingesetzt werden. Brennesseltee wirkt blutreinigend und entwässernd. Löwenzahn fördert die Leber- und Nierentätigkeit und reinigt ebenfalls das Blut. Man könnte die Aufzählung der heilungsfördernden Wildpflanzen, die die Menschen als *Unkraut* bekämpfen, noch endlos weiterführen.

Die gesundheitsfördernde Wirkung von Wildgewächsen sollte allerdings nicht der alleinige Grund sein, diese zu schützen.

Es gilt sie zu beachten und zu respektieren, um ihrer selbst willen. Ihre heilende Wirkung zu nutzen ist nur eines der Resultate ihrer positiven Eigenschaften, die darauf hinweisen, daß sie ihren berechtigten Platz in der Natur haben.

Es ist eine hohe Anforderung, auch die Wildkräuter, wie die sich im Garten tummelnden Disteln und Brennesseln, zu respektieren. Doch gerade das macht die Tiefe von erdheilenden Maßnahmen aus, daß wir *sämtlichen* Lebewesen mit Achtung begegnen und sie als unsere Verwandten ansehen. Das heißt nicht, daß von nun an unser Garten von Wildkräutern überwuchert werden kann. Der der Nation der Mohawk angehörige Craig Carpenter empfahl mir in einem Gespräch, daß er es für richtig ansieht, das Unkraut nicht einfach auszureißen und damit zu töten, sondern nur den oberen Teil zu kappen, um es am Wachstum zu hindern. Dies sei zwar arbeitsaufwendig, so aber blieben diese Pflanzen am Leben.

Diese Denkweise eines traditionell eingestellten Ureinwohners Nordamerikas mag vielleicht etwas fremd erscheinen, regt aber zum Nachdenken an, ob wirklich die Notwendigkeit besteht, jeden kleinsten Ansatz von Unkraut im Garten sofort zu vernichten.

Die Bäume lieben

Wenn die Lakandonen einen Baum fällen,
dann entschuldigen sie sich bei der Seele des Baumes.

Die nächste Stufe hin zur allumfassenden Liebe führt uns zu der Familie der Bäume. Empfehlenswert ist es, während eines Spaziergangs bei einem Baum zu verweilen, dort innezuhalten und einige Male tief durchzuatmen. Versuchen Sie nun, Verbindung mit diesem Baum aufzunehmen und seine Kraft zu spüren. Sie können sich dazu an ihn lehnen. Versuchen Sie, sich in Ihre Mitte zu fühlen und lassen Sie dem Baum Dankbarkeit zukommen.

Je öfter wir uns darin üben, mit der Natur Kontakt aufzunehmen und mit ihr freundschaftlich zu kommunizieren, desto schneller entwickelt sich auch ihr Gesundungsprozeß.

Was fühlen die Bäume, die unserem Drang nach Freiheit und Ausdehnung im Wege stehen, beispielsweise beim Bau einer Straße oder eines Hauses? Könnten sie unsere Sprache sprechen, was würden sie uns entgegnen, wenn die Axt in ihr Fleisch eindringt?

Wer setzt sich für die Rechte der lautlosen Lebewesen ein und kümmert sich um ihr Anliegen? Ist es wirklich notwendig, daß für unseren hohen Lebensstandard Stunde für Stunde Abertausende von Bäumen fallen?

Diese Fragen können nicht mehr allein aus rationaler Sicht beantwortet und beiseite gefegt werden. Denn das zwangsweise Verschwinden der Bäume von der Welt hat auch direkt etwas mit uns zu tun. Das, was wir den Bäumen und all den anderen Lebewesen antun, tun wir letztendlich uns selbst an. Jeder von Menschenhand gefällte Baum raubt uns mehr und mehr unsere Daseinsberechtigung auf der Erde. Je mehr wir verstehen, daß die Natur und in diesem Falle die Bäume ein Teil von uns selbst sind, desto achtsamer prüfen wir, ob ein Fällen des Baumes, zum Beispiel zum Straßenbau, auch wirklich notwendig ist oder ob man ihn umgehen kann.

Die Steine lieben

Für euch Weiße sind die Berge ein Reichtum
an Gold, Kohle, Uran und Holz,
und diesen Reichtum wollt ihr ausschöpfen bis zur Neige.
Für euch sind die Berge ein Ferienziel,
das bis in die letzten Winkel genutzt werden muß.
Für uns sind die Berge das geistige Zentrum unseres Volkes,
die Mitte unseres Universums,
das Herz unserer Kultur.

Milo Yellow Hair

Wenn wir im Kreis der Erd-Familie weiter voranschreiten, stoßen wir auf die Gemeinschaft der Steine und Berge. Wollen wir zur Heilung der Erde beitragen, so ist es wichtig, daß wir uns auch mit diesen leblos erscheinenden Geschöpfen beschäftigen. In Wirklichkeit sind auch sie von einem Innenleben erfüllt. Diese These wird unterstützt durch die Tatsache, daß bei Steinen ein Wachstumsprozeß stattfindet. Dieser vollzieht sich lediglich in einer viel längeren Zeitspanne als bei den meisten anderen Lebewesen.

Genau wie mit den Pflanzen können wir auch mit den Steinen Kontakt aufnehmen und mit ihnen kommunizieren. So mancher Schamane und Medizinmann der Ureinwohner der Erde praktiziert dies noch heute und setzt die Steine zu heilenden Zwecken ein.

Ein herzliches Verhältnis zu den Edelsteinen, den Smaragden und Diamanten herzustellen, dürfte einfach sein. Ihr Tragen wirkt sich glänzend auf das Prestige aus. Auch die sehr populären Schmucksteine, wie der Amethyst und Bergkristall, haben ein hohes Ansehen und werden zu Heilungszwecken oder als Dekoration der Wohnung und zur Verbesserung der Atmosphäre genutzt. Sie alle dienen dem Menschen und ernten entsprechendes Wohlwollen.

Einen weiteren Schritt hin zur allumfassenden Liebe bedeutet der achtsame Umgang mit den zahllosen *Wild-Steinen*, wie zum Beispiel den Feld- und Ackersteinen. Auch sie gilt es in ihrem Wesen zu verstehen und sie ganz bewußt als Teil der großen Familie anzusehen.

Die Seele des Steins macht einen Teil der Seele des Menschen aus. Nehmen Sie doch einmal auf einem Spaziergang wahllos einen Stein in die Hand, und versuchen Sie herauszufinden, ob dieser Ausspruch auch für Sie gültig ist. Schalten Sie dazu Ihren Verstand für eine Weile aus, und öffnen Sie sich dafür, was der Stein Ihnen übermitteln möchte. Gibt es einen Zusammenhang zwischen Ihrem Innern und dem des Steines? Um so mehr Sie davon loslassen, etwas über den Stein in Erfahrung zu bringen, desto einfacher ist es, mit dem lautlosen Geschöpf in Verbindung zu treten.

Die vier Elemente lieben

Das Entwickeln eines Gefühls der Verbundenheit mit sich selbst, den Mitmenschen, Tieren, Pflanzen und Steinen bedeutet noch nicht das Ende der Erd-Heilungs-Reise. Auch die vier Elemente, die sich uns in Form von Feuer, Wasser, Wind und Erde zeigen, gilt es in die allumfassende Liebe zu integrieren.

Sonnengesang
Herr, sei gelobt durch unseren Bruder Wind,
durch Luft, Wolken und jegliches Wetter,
durch welches du deine Geschöpfe erhältst.
Herr, sei gelobt durch Schwester Wasser,
sie ist gar nützlich, demutsvoll und keusch.
Sie löscht den Durst, wenn wir ermüdet sind.
Herr, sei gelobt durch Bruder Feuer,
der uns erleuchtet die Dunkelheit und Nacht.
Er ist so schön, gar kraftvoll und auch stark.
Herr, sei gelobt durch Mutter Erde,
die uns trägt und ernährt und vielerlei Frucht bringt
und farbige Blumen und Gras.
FRANZ VON ASSISI

Das Feuer lieben

Gerade in der kalten Jahreszeit fällt es einem meist leicht, eine Verbundenheit mit dem feurigen Element zu entwickeln. Wenn in der Natur die Kälte dominiert, macht sich Dankbarkeit gegenüber den wärmespendenden Trägern des Feuerelements, dem Kachelofen oder dem Kamin, breit. Das Durchfluten des Wohnraumes mit Wärme bedeutet dann Labsal für Körper und Seele. Allein schon der Feuerschein einer Kerze vermittelt uns Menschen ein Gefühl der Zufriedenheit und der Geborgenheit. Die Kerze kann auch behilflich dabei sein, sich während der Meditation nach innen zu wenden.

Dankbarkeit und Liebe dem Kerzenschein oder dem Sonnenaufgang zufließen zu lassen, dürfte kein allzu großes Hindernis auf dem Weg zur allumfassenden Liebe bedeuten. Doch wie ist es mit den anderen Boten des Feuers, der glühendheißen Lava eines Vulkanausbruchs oder dem Flächenbrand, der Millionen von Bäumen und anderen Lebewesen zerstört? Ist es möglich, auch sie ins Herz zu schließen oder zumindest zu verstehen, warum sie auf der Erde präsent sind? Sicherlich ist dies eine der schwersten Aufgaben beim Praktizieren der allumfassenden Liebe.

Unsere Welt besteht aus Polaritäten. Es existieren nicht nur Freude und Zufriedenheit, die uns wohlwollende Menschen zukommen lassen, sondern auch Haß und Gewalt. Genausowenig besteht die Münze des Feuerelements nicht nur aus der einen Seite, auf der die *milde Wärme* eingeprägt ist. Auch das zerstörerische Element gehört zum Leben dazu, ist ein Teil der Erd-Familie. Das Zerstörertum weilt in jedem Menschen, in jedem Tier genauso wie auch im Element Feuer. Eine Münze besteht immer aus zwei Seiten. Versperren wir unser Bewußtsein gegen das Vorhandensein der Polaritäten, so werden wir niemals in der Lage sein, wirklich zu lieben.

Wir dürfen wahrnehmen, wo die Ursachen der polaren Seite mit dem Namen *Zerstörung* liegen und welche Bedeutung ihnen innewohnt. Haben wir die Hintergründe begriffen, so fällt es uns auch leichter, besagte Katastrophen besser zu verstehen. Was will uns ein Waldbrand sagen, was können wir von ihm lernen?

Wenn es zu großen Waldbränden auf der Erde kommt, so entstehen diese meist nicht von selbst, es sei denn, sie sind zum Beispiel von einem Blitzeinschlag verursacht. Oft ist der Mensch der Verursachende. Der Erde ist nicht geholfen, wenn wir die von uns verursachten Waldbrände löschen und danach zur Tagesordnung übergehen. Dies ist lediglich als eine *Symptombehandlung* anzusehen. Die Kunst ist, nach der Ursache zu fragen und diese zu beheben. Eine begrenzte Brandrodung, wie sie von verschiedenen Stämmen Südamerikas praktiziert wird, schadet der Erde nicht. Sie geschieht im Einklang mit der Natur. Wird allerdings ein Waldbrand, der Bäume in einem

Flächenumfang von Millionen Hektar vernichtet, aus Wirtschaftsgründen verursacht, damit die Menschen in den Industrienationen ihren hohen Lebensstandard weiterhin aufrecht erhalten können, so muß an diesem Punkt angesetzt werden, damit die wirkliche Ursache des Brandes behoben wird.

Es geht bei dieser Betrachtungsweise nicht um Schuldzuweisung, sondern darum, aus den Erfahrungen zu lernen, die gemacht worden sind. Dieses bezieht sich nicht nur auf die Waldbrände der Erde, sondern auf alles, was sich gegen die Heil-Gesetze der Erde wendet.

Die negativen Pole auf der Welt
lehren uns zu verstehen, wie wichtig es ist,
im Einklang mit der Erde zu leben.

Auch die auf natürliche Art entstandenen Brände, beispielsweise durch Blitzeinschlag verursacht, gilt es zu respektieren und ihren Sinn zu deuten. Diese natürlichen Katastrophen drücken die unbeugsame Macht der Erde aus und machen uns bewußt, daß nichts auf der Welt ewig währt und selbstverständlich ist. Sie erinnern uns daran, jeden Augenblick unseres Lebens bewußt wahrzunehmen.

Wie bereichernd es sein kann, sich mit der Energie des Feuers in Verbindung zu setzen, erfuhr ich bei meiner ersten Schwitzhütte, an der ich in South Dakota im Rahmen eines völkerverständigenden Treffens von Menschen aus vielen Nationen teilnahm.

Die Schwitzhütte der Lakota

Die Schwitzhütte ist eine der sieben heiligen Zeremonien der Lakota. Frauen oder Männer treffen sich zu diesem Ritual, um zu schwitzen und zu beten und sich dadurch in Einheit mit Gott zu bringen. Innerhalb einer kleinen, zeltähnlichen Hütte, die aus 16 Weidestämmen zusammengesteckt und mit Planen abgedeckt ist, ist in der Mitte eine kleine Grube angelegt. In diese werden während der Zeremonie glühendheiße Steine hineingelegt. Die Steine werden für die Schwitzhüttenzeremonie in der Umgebung gesammelt und in einer Feuerstelle vor der Schwitzhütte Stunden vor dem Ritual erhitzt, bis sie dann glühend heiß sind.

Als erstes betritt der Leiter der Zeremonie auf allen Vieren die Hütte. Er bewegt sich im Uhrzeigersinn um die Grube in der Mitte und setzt sich rechts neben den Eingang. Nach ihm folgen die Teilnehmer. Sie kriechen ebenfalls auf allen Vieren durch die Öffnung, was den Respekt und die Demut vor Mutter Erde ausdrückt. Nachdem sich die Teilnehmer auf dem Boden niedergelassen haben, meist eng zusammengekauert, werden etwa sechs bis zehn Steine mit einer Forke aus dem glühenden Feuer geholt. Danach wird die Türklappe geschlossen. Es ist nun stockdunkel und drückend heiß. Jetzt erfolgt die Phase, die es einem ermöglicht, die Nähe Gottes zu finden, und in der Gebete und Heilwünsche für sich, andere oder die gesamte Schöpfung gesprochen werden. Anschließend werden bestimmte traditionelle Lieder gesungen und die heilige Pfeife wird geraucht. Dann wird die Türklappe für eine kurze Weile geöffnet. Daraufhin gelangen erneut glühende Steine in die Hütte. Die Klappe wird abermals geschlossen. Es werden insgesamt vier Durchgänge durchgeführt, das heißt, die Klappe wird während der Zeremonie viermal geöffnet und ebensooft werden glühende Steine gebracht.

Am Ende der Zeremonie bewegen sich die Teilnehmer auf allen Vieren aus der Hütte heraus. Zu Beginn wie auch am Ende jeder Schwitzhütte werden bei den Lakota die Worte *Mitakuye Oyasin* ausgesprochen, was, wie anfänglich schon erwähnt, übersetzt soviel heißt wie *Für alle meine Verwandten*. Gemeint ist damit, daß man diese Schwitzhütte für alle Verwandten abgehalten hat. Die Bezeichnung *Verwandte* beschränkt sich nicht alleine auf die menschlichen Verwandten. Vielmehr sind dabei sämtliche Menschen der Erde gemeint, die geborenen wie auch die verstorbenen, sämtliche Tiere, Pflanzen und Steine, das Feuer, der Wind, das Wasser und die Erde und all das, was sonst noch mit Leben erfüllt ist.

Die erste Schwitzhütte, an der ich teilnahm, wurde speziell für einen geistig und körperlich behinderten jungen Mann veranstaltet, der auch selbst an der Zeremonie teilnahm. Am Anfang der Zeremonie dachte ich, daß mich die Enge, die Schwüle, die Dunkelheit und die heiße Luft überwältigen würden. Ich war nahe daran, aufzugeben. Doch irgendwann ließ ich von meinen Ängsten los und konzentrierte mich auf mich selbst. Ich begann Gebete zu sprechen und versuchte nicht mehr gegen die glühende Hitze der Steine zu kämpfen. Von da an gab es kein Gefühl mehr für Raum und Zeit. Ich fühlte mich eins mit den Steinen, mit dem Feuer, mit mir selbst und mit meinen Gebeten. Der Gesang und die Gegenwart der anderen Teilnehmer taten ein weiteres dazu, daß ich getragen wurde. Als mir später gesagt wurde, daß diese Schwitzhütte mehr als drei Stunden gedauert hatte, konnte ich dies kaum glauben.

Die Teilnahme an diesem Ritual ermöglichte mir ein Gefühl, die Natur, ihre Kraft und ihre unendliche Freiheit zu erfahren. Nachdem ich mich von meinen Ängsten gegenüber der Luftknappheit, der Hitze, der Dunkelheit und der Enge gelöst hatte, erfuhr ich, was es heißt, im Einklang mit der Natur zu sein.

Zur Gesundung der Erde beizutragen bedeutet auch, daß wir dem feurigen Element und dessen Botin, der Sonne, Dankbarkeit zukommen lassen. Dazu bietet sich folgendes Ritual an:

Die Sonnen-Zeremonie

Suchen Sie frühmorgens einen Ort in der Natur auf, an dem Sie den Sonnenaufgang beobachten können. Lassen Sie sich auf Ihrem *heiligen* Platz nieder, und atmen Sie einige Male tief durch. Nehmen Sie nun Kontakt zur Sonne auf. Lassen Sie die Kraft des Lichtes durch Ihren Körper, Ihre Seele und Ihren Geist fließen. Machen Sie sich bewußt, daß die Kraft der Sonne reinigend und klar ist. Fühlen Sie nun beim Einatmen, wie diese reinigende, klare Kraft der Sonne Ihr Wesen erfüllt. Geben Sie während des Ausatmens Ihre Liebe und Ihre Dankbarkeit dem Licht zurück. Üben Sie dieses Ritual eine Weile aus, bis Ihnen Ihr Inneres sagt, daß die Zeit gekommen ist, diesen besonderen Platz zu verlassen. Verabschieden Sie sich von Großvater Sonne auf Ihre eigene Art.

Üben Sie diese Zeremonie immer dann aus, wenn Sie sich mit der Energie des Lichts verbinden möchten.

Das Wasser lieben

Auch das Element Wasser verdient unsere Achtung und unseren Respekt. Einfach ist es, Wasser zu schätzen, wenn man sehr durstig ist und genüßlich das kühle Naß durch die Kehle rinnen läßt oder wenn man sich durchgeschwitzt oder abgespannt unter die Dusche stellt, um den äußeren und inneren Schmutz abzuspülen. Es ist dann eine Wohltat, sich mit dem kühlen Naß zu befeuchten.

Das Wasser ist für uns in vielen Situationen des Lebens sehr hilfreich. Es gehört genauso zu dem Kreis der Erd-Familie, wie die vorhergehend beschriebenen Familienmitglieder, und verdient ebenso Verständnis und Respekt von uns.

Entsprechend wichtig ist es für das Gleichgewicht der Erde, daß wir das Wasser nicht als Diener nutzen oder es etwa durch die Verklappung unserer Abfälle zur Kloake verkommen lassen. Wir können vielmehr dem angeschlagenen wäßrigen Element zur Heilung verhelfen. Dazu könnten wir uns an ein Gewässer wie einen Bach, einen See, Fluß oder ans Meer setzen und dem Wellenfluß zusehen. Wenn wir dabei achtsam sind, lernen wir verstehen, was uns das Wasser zu sagen hat. Hilfreich ist es, wenn man dazu das Wasser hautnah erlebt und sich ins kühle Naß begibt und mit allen Poren des Seins dessen Wesen erfährt.

Ein positives Gefühl zu einem Bach oder zur See zu entfalten dürfte nicht schwerfallen. Schwieriger wird es, wenn das feuchte Element Schaden anrichtet, wie es bei Überschwemmungen der Fall ist. Doch auch diese gehören zum alltäglichen Miteinander der Erd-Familie. Sie machen genauso wie die Waldbrände die Kehrseite der Medaille aus, die es zu respektieren gilt. Würde man seinen Bruder oder seine Mutter, wenn sie sich einmal nicht so verhalten, wie man es für richtig ansieht, deswegen gleich bekämpfen? Sicherlich nicht. Genau wie die Feuerkatastrophen haben uns auch die Wasserstörungen etwas zu sagen. Wir können die Botschaften des Hochwassers verstehen lernen, uns mit dem feuchten Element verbinden und fragen, warum es dazu gekommen ist. Es wird uns dann bewußt werden, daß ein Hochwasser nicht aus sich selbst heraus entsteht, sondern seine Ursache meist bei den Menschen anzusiedeln ist. Das Wasser selbst kann nicht für Überschwemmungen verantwortlich gemacht werden. Es ist wichtig, begangene Fehler der Menschen zu erkennen und es beim nächsten Mal besser zu machen. Wenn wir das alles verstehen, können wir auch einer Überflutung eine gewisse Achtung entgegenbringen, sie verstehen lernen und dankbar für ihre mahnenden Zeichen sein.

Aus einer Achtsamkeit heraus an den Umweltkatastrophen zu arbeiten, von ihnen zu lernen, an ihnen zu reifen und die Veränderungen nach außen in die Tat umzusetzen – das ist eine Lösung, die bei den Wurzeln ansetzt und zur Erd-Heilung beiträgt.

Die Luft lieben

Wie wohltuend ist es doch, wenn man morgens das Schlafzimmerfenster öffnet und frische Luft in den Raum und in die Lungen strömt oder wenn im Hochsommer am Abend eines schwülheißen Tages ein laues Lüftchen weht, das erfrischend den Tag beendet. Wie dankbar ist man dann dem Wind für seine Anwesenheit.

Aus einem erdheilenden Verständnis heraus zu handeln, bedeutet aber nicht alleine, dem wohltuenden Aspekt der Luft dankbar zu sein und der Luftverschmutzung durch Stickoxide, radioaktive Substanzen und andere Stoffe mit Verachtung zu begegnen. Auch die uns negativ erscheinenden Boten der Luft, wie Wirbelstürme und Hurrikans, die Wohnsiedlungen dem Erdboden gleichmachen, gilt es zu verstehen, zu deuten und in ihrer Art zu respektieren. Kann man diese verheerenden Stürme lieben, fragen Sie sich? Sicherlich, denn auch sie sind ein Teil des Polaritätensystems der Erde.

Die zunehmende Zahl der Hurrikans sind Botschaften der Erde, die uns mahnen, mit dem Raubbau, den wir der Natur antun, aufzuhören. Diese Botschafter der Erde können von uns Menschen niemals besiegt werden. Wir können lernen, mit den urgewaltigen Stürmen im Einklang zu leben, sie als gleichwertiges Mitglied im Kreis der Erd-Familie zu akzeptieren, auch wenn dies sicherlich nicht einfach ist.

Den Erdboden lieben

Haben Sie schon einmal ausprobiert, sich in der Natur flach auf den Boden auszustrecken und in die Erde hineinzufühlen? Es wird Ihnen sicherlich guttun. Auch das Barfußgehen auf der Erde kann ein Wohlgefühl für Körper und Seele sein, besonders dann, wenn man dies aus einer Achtsamkeit heraus tut und seine Gedanken dabei nicht umherschweifen läßt. Nimmt man die Natur mit dem ganzen Körper und dem vollen Bewußtsein wahr, so ist einem damit die Möglichkeit gegeben, eine Brücke zur Selbstfindung wie auch zum Erkunden der Seele der Erde zu schlagen.

Sich für die Gesundung der Erde einzusetzen hört nicht beim Wahrnehmen der Natur auf, es führt noch weiter in die Tiefe. Wir können den Aufenthalt am Busen der Natur auch dafür nutzen, indem wir Liebe und Dankbarkeit in den Boden fließen lassen, auf dem wir liegen, stehen oder gehen.

Sind wir in Kontakt mit der Seele des Erdbodens, so wird es uns leichtfallen, nur so viel Müll zu produzieren oder Rohstoffe zu verbrauchen, wie wir essentiell zum Leben benötigen.

Statt Müll in großen Mengen zu produzieren, beziehungsweise zu entsorgen und die Landschaften willkürlich zuzupflastern, ist es angebrachter, vor jeder landschaftsverändernden Handlung in sich zu gehen und dann aus Respekt und Achtung gegenüber dem Erdboden heraus zu handeln. Es ist an der Zeit, manche Vorstellungen der Naturvölker darüber, wie man sich auf der Erde zu verhalten hat, in das Leben zu integrieren. Eine dieser Einstellungen ist, den Erdboden als heilig anzusehen und ihm mit entsprechender Achtung zu begegnen.

Ähnlich wie Hurrikans und Überschwemmungen sind auch die Erdbeben nicht als Feind, sondern als Botschafter der Natur anzusehen und entsprechend zu respektieren. Sie weisen darauf hin, daß wir Menschen uns aus der Einheit der Erd-Familie gelöst haben und die Existenz der gesamten Schöpfung gefährden. Die Erdbeben, die nach den französischen unterirdischen Atombombenversuchen 1995 weltweit in kurzer Reihenfolge eintraten, forderten uns Menschen zur Besinnung auf. Sie mahnten uns, nicht die verheerende Wirkung der Kernenergie gegen die Natur und damit auch gegen uns selbst einzusetzen.

Nachdem wir uns die einzelnen Stufen, die hin zu der allumfassenden Liebe führen, angeschaut haben, stehen wir jetzt vor der Eingangspforte zu diesem Ziel:

Die gesamte Erd-Familie lieben

Die schwerste Lektion
ist die bedingungslose Liebe
ELISABETH KÜBLER-ROSS

Die Achtung und der Respekt vor allen Erd-Familienmitgliedern machen das Fundament zur Gesundung dieses Planeten aus. Die Kunst ist, die gesamte Erde mit all ihren Lebewesen – von den größten Gebirgszügen bis hin zu den kleinsten Mikroorganismen und den verschiedenen Elementen – zu respektieren, sie ins Herz zu schließen und aus dieser Liebe heraus zu handeln. Lernen wir nicht, dies in die Tat umzusetzen und entsprechend zu handeln, so machen wir uns über kurz oder lang auf der Erde überflüssig. Die teils katastrophale Umweltsituation zeigt, daß wir nicht mehr viel Zeit zum Überlegen und Handeln haben.

Wir sollten uns allerdings beim Begehen der Treppe, die zur allumfassenden Liebe führt, davor hüten, eine Stufe zu überspringen. Vor allem nicht die erste, mit Namen *Eigenliebe*. Erst wenn wir gelernt haben, uns selbst zu lieben, erst dann können wir auch die gesamte Erde in unser Herz schließen.

Auf Anhieb die stachelige Distel, den Hurrikan, das Hochwasser oder gar die gesamte Erde ins Herz zu schließen, ist sicherlich ein schweres Unterfangen. Gehen Sie auf dem Pfad der allumfassenden Liebe in Ihrem eigenen, individuellen Tempo.

Nur Sie alleine wissen, wie Ihr individueller Pfad hin zur allumfassenden Liebe auszusehen hat!

Unsere Umwelt benötigt unsere Liebe zum Gesundwerden, genau wie wir unsere Umwelt benötigen, um unsere Liebe zu erfahren und dadurch wieder selbst heil zu werden. Nicht alleine die abstrakten Gedankenkonstruktionen von Wissenschaftlern und Forschern beinhalten die Lösung der Umweltprobleme, wie man bis jetzt überwiegend glaubte. Diejenigen, die lediglich belesen sind, sind nicht die Vorbilder unseres neuen Jahrtausends. Es sind diejenigen, die den Weg der Liebe gehen und ihr intellektuelles Wissen mit einem Gefühl für die Erd-Familie verbinden.

Das Hohelied der Liebe

Die Liebe übt Nachsicht; in Güte handelt die Liebe.
Sie eifert nicht; die Liebe macht sich nicht groß,
sie bläht sich nicht auf.
Sie benimmt sich nicht ungehörig;
sie sucht nicht das Ihre;
sie läßt sich nicht erbittern;
sie rechnet das Böse nicht an.
Sie hat nicht Freude am Unrecht,
freut sich jedoch an der Wahrheit.
Sie erträgt alles,
sie glaubt alles,
sie hofft alles,
sie duldet alles.
1. Korinther 13

Spirituelle Erd-Heilung

Ich zog in den Wald, weil ich den Wunsch hatte,
dem eigentlichen, wirklichen Leben näherzutreten,
zu sehen, ob ich nicht lernen konnte,
was es zu lehren hatte,
damit ich nicht, wenn es zum Sterben ginge,
einsehen müßte, daß ich nicht gelebt hatte.
H.D. THOREAU

Damit man die Erde auf den Weg zur Gesundung führen kann, bedarf es einer Erweiterung des ökologischen Bewußtseins um eine tiefergehende, spirituelle Nuance. Die daraus resultierende Veränderung bedeutet das Hinführen der Achtsamkeit auf unsere spirituelle Quelle, aus der die allumfassende Liebe, unsere Geborgenheit, unser Glück und unser Heil-Sein fließt.

Der vietnamesische Mönch Thich Nhat Hanh sagt dazu, daß die Menschen die Angewohnheit haben, vor allem den Samen von Leid, Ärger und Furcht in ihrem Bewußtsein zu manifestieren. Deshalb entwickle sich der Same von Frieden, Glück und Freude nur mäßig. Wenn wir achtsam sind, so bedeutet dies, daß wir jeden Samen erkennen, wenn er aus unserem Innern hervorkommt. Wir können uns angewöhnen, die heilsamsten Samen zu gießen, damit sie noch kräftiger werden. In jenen Momenten, in denen wir etwas Friedvolles und Schönes bewußt wahrnehmen, bewässern wir den Samen für Schönheit und Frieden in uns. Dadurch blühen wunderschöne Blumen in unserem Bewußtsein. Je länger wir den Samen Wasser geben, desto mehr gewinnen sie an Kraft. Stehen wir zum Beispiel vor einem Baum, atmen wir dort bewußt ein und aus und erfreuen uns für fünf Minuten an ihm, so werden die Samen des Glücks fünf Minuten lang gewässert, was zur Folge hat, daß sie stärker keimen werden. In diesen fünf Minuten werden andere Samen, wie Schmerz und Angst, nicht gestärkt. Wenn wir sorgsam unsere heilsamen Samen bewässern, indem wir mit all dem Kontakt aufnehmen, was schön, friedvoll und heilkräftig ist, können wir gewiß sein, daß unser Inneres einen Heilungsprozeß vollzieht. Das bedeutet, daß wir uns zum Beispiel von Vögeln, Bäumen oder Kindern heilen lassen können.[43]

Innere Naturschutzgebiete

Damit der Mensch in der Lage ist, heilend auf die Erde einzuwirken, benötigt er nicht nur Schutzgebiete für die Natur im Außen, sondern auch Naturschutzgebiete für sein Inneres, in denen die eigene Spiritualität und damit verbunden eine erdheilende Ethik unbeschadet wachsen kann – Freiräume, in denen Zeit und Muße ist, die Blüte des inneren Wachstums zum Strahlen zu bringen, Räume, in denen die Möglichkeit besteht, die eigenen Bedürfnisse, Visionen, Freude und Leid auszudrücken, um an ihnen zu wachsen. Ohne diese Freiräume ist es sehr schwierig, spirituell zu reifen und wirklich heil zu werden. Damit wir diese Freiräume bekommen, ist es wichtig, daß sich der Stellenwert der Zeit verändert. Für die Menschen in der westlichen Welt ist es typisch, Zeit zu sparen und alles möglichst schnell zu verrichten. Bestes Beispiel dafür ist die zeitsparende Nahrungsmittelzubereitung mit dem Mikrowellenherd, dessen Wert wegen der gesundheitlichen Risiken für Mensch und Umwelt als bedenklich anzusehen ist. Die Mikrowelle ist ein Ausdruck unserer Zivilisation. Sie macht den Benutzer zu einem *Fast-Typen*. Die durch den Einsatz von zivilisatorischen Geräten gewonnene Zeit wird allerdings meist nicht eingesetzt, um am eigenen inneren Wachstum zu arbeiten, sondern um sich von dem Alltags-Streß zu erholen, zum Beispiel in Form von Fernsehen.

In einer Zukunft, die gemessen wird an ihrer Bereitschaft, *für* die Erde zu sein, können sich die Menschen darauf besinnen, sich wieder mehr Zeit für ihre wahren inneren Bedürfnisse zu nehmen, zum Beispiel für den Wunsch nach Heilung an Körper, Seele und Geist, Zeit zu haben, die eigenen Gefühle, die Lust, die Freude, den Schmerz wahrzunehmen, über Zeit zu verfügen, das innere Wachstum und die eigene Intuition zu entdecken. Haben wir gelernt, uns Zeit für unsere Entwicklung einzuräumen, so wächst aus der daraus entstehenden Kraft das Bewußtsein, Bäume oder einen wehenden Grashalm zu erleben, sie zu beobachten und zu bestaunen und die Seele der Natur zu erfahren. Nehmen wir uns diese Zeit, so befreien wir uns mehr und mehr von dem Konsumzwang, der unser Leben diktiert und der auf Kosten des Gleichgewichts der Erde ausgetragen wird.

Verschiedene Weltanschauungen

Zum Schutz der Umwelt ist es notwendig, daß sich Vertreter der verschiedenen Religions- und Weltanschauungsrichtungen an einen Tisch setzen und aus ihrer Warte Lösungsstrategien entwickeln. Gute Ansätze dazu gibt es schon, zum Beispiel in Form des christlich/buddhistischen Dialogs, der in Deutschland immer mehr Verbreitung findet.

Daß die verschiedenen Weltanschauungen über Wissen und Weisheit verfügen, die Entwicklung der Erde in eine positive Bahn zu lenken, zeigen folgende Beiträge von Vertretern verschiedener Kulturen.

Vertreter des modernen Christentums

Die Schöpfungsspiritualität gibt uns Kraft
für ein ökologisches Zeitalter,
für eine Zeit, in der wir nicht mehr
zu einer Gottheit aufschauen,
sondern uns nach ihr umschauen –
in unserer Umwelt.
MATTHEW FOX

Matthew Fox

Der amerikanische Dominikanerpater Matthew Fox ist Philosoph und Theologe sowie Gründer und leitender Direktor des *Institute in Culture and Creation Spirituality* am *Holy Names College* in Oakland, Kalifornien.

Matthew Fox zeigt Wege für ein schöpfungsgerechtes Umdenken im christlichen Glauben auf. Für den Theologen ist es grundlegend wichtig, daß die Menschen eine Schöpfungsspiritualität in ihr Leben integrieren. Diese sei Ausgangspunkt einer Befreiungstheologie für die Bewohner der Industrienationen, der sogenannten *Ersten Welt*.

Die Philosophie der Schöpfungsspiritualität sagt aus, daß in allem das göttliche Licht strahlt und jedes Lebewesen eine Manifestation des kosmischen Christus ist.

Zu der Zeit, als wir noch Kinder waren, haben wir alle die Welt als heilig angesehen. Die Schöpfungsspiritualität hilft uns dabei, diese Erfahrung wiederzufinden.

Zu den Möglichkeiten für die Menschen, sich aktiv am Heilungsprozeß der Erde zu beteiligen, sagt Matthew Fox, daß es wichtig ist, unser religiöses Erbe in dem Sinne zu beleben, daß es den Mutterboden als eine heilige Stätte ansieht und den Menschen eine mystische Beziehung zu ihm lehrt. Solch eine Veränderung des religiösen und geistigen Paradigmas kann ein wichtiger Schritt hin zur Heilung der Erde sein.

Gerechtigkeit darf zudem nicht nur zwischen den Menschen gelten, sondern für die gesamte Erde mit all ihren Geschöpfen. Setzen wir Menschen uns nicht für die Gleichberechtigung gegenüber der Erd-Familie ein, so kann es auch nicht zu einem friedfertigen Zusammenleben zwischen uns Menschen kommen.

Der steigende Mißbrauch von Alkohol und Drogen – in Amerika werden für letzteres jährlich rund 150 Milliarden Dollar ausgegeben – sowie die Zerstörung von Wald und Boden, Wasser und Luft zeigen, daß in den Industrienationen eine *seelische Verarmung* vorherrscht. Matthew Fox bezeichnet die Krankheit der sogenannten Dritten Welt als *körperliche Verarmung*, denn dort mangelt es an der Deckung der Grundbedürfnisse, wie Nahrung, medizinische Versorgung, einem Dach über dem Kopf und Arbeit. Die Verbindung zwischen der seelischen Krankheit im Norden und der körperlichen Krankheit im Süden ist genauso stark wie diejenige zwischen Körper und Seele. So sind wir in unserer Krankheit vereint und wir werden auch in Heilung und Befreiung vereint sein. Doch was geheilt werden muß, unterscheidet sich, daher unterscheiden sich auch die Mittel zur Heilung.

In der *Ersten Welt* dominiert noch eine weitere Art der Armut. Matthew Fox nennt sie die *geistige Armut*. Diese ist dort erfahrbar, wo Konsum herrscht und der Materialismus das Leben regiert, wo die Jugend gelangweilt oder gegen sich und andere gewalttätig ist. Geht die Kosmologie verloren, so geht auch die Freude abhanden. Freuen bezieht sich dann nur noch auf das Pseudo-Vergnügen des Konsumierens, des schlecht Redens über andere und über das Erfreuen an der Scheinwelt des Fernsehens. Langeweile ist der Begleiter von Luxus. Herrscht Langeweile, so stellen sich oft Gewalt, Drogen und andere Formen der Sucht ein. Diese sollen die Langeweile verjagen oder zumindest zeitweise vertreiben. Ehrfurcht ist das Gegenmittel gegen Langeweile. Die Schöpfungsspiritualität ist in der Lage, Ehrfurcht vor dem Dasein in diesem Universum und vor der Teilhabe an seiner fortwährenden Kreativität hervorzurufen. Um die Wunder Gottes und der Natur wirklich wahrzunehmen, müssen wir von dem konsumorientierten Leben loslassen und einfacher leben. Dies sieht Matthew Fox als Befreiungstheologie für die Menschen der sogenannten *Ersten Welt* an.

Eine Möglichkeit, die Schöpfung nicht als etwas Selbstverständliches anzusehen, besteht im freiwilligen Verzicht. Dies kann am besten im gemeinschaftlichen Rahmen geschehen, in dem versucht wird, sich gegenseitig im schwierigen Prozeß des Loslassens und Verzichtübens zu unterstützen. Eine Möglichkeit, Verzicht zu üben, wäre zum Beispiel, sich für einige Tage vom Alkohol oder Fernsehen zu verabschieden oder zu fasten. Durch dieses Verzichtüben lernt man, die alltäglichen Dinge, wie zum Beispiel die Essensaufnahme, zu schätzen. Fox empfiehlt jedem Menschen in einer überentwickelten Kultur sich solchen Fastenzeiten zu unterziehen. Damit lernen wir die Grundlage von Dankbarkeit kennen. Denn nicht wir sind es, die Nahrung, Wasser, Luft und Boden erschaffen haben, welche wir für uns beanspruchen.

Die Schöpfungsspiritualität kann uns Menschen der *Ersten Welt* bei ihrer Befreiung aus der eigenen geistigen und seelischen Armut helfen. Erst einmal befreit, können wir auch die Menschen der sogenannten *Dritten Welt* aufrichtiger bei der Lösung ihrer Probleme unterstützen.

Dazu ist es notwendig, daß wir unsere innere Wahrheit entdecken. Ein Hilfsmittel dafür kann die meditative Kunst sein, zum Beispiel meditatives Malen, Tanzen oder Singen. Die meditative Kunst lädt die Wahrheit ein, von innen heraus zu kommen. Sie ermutigt uns, auf die inneren Bilder zu hören, sie zu gebären und ihnen zu vertrauen. Töne können wir zum Beispiel nicht belügen, genausowenig wie den Körper im Tanz und das Herz in der Meditation. Fox sagt, daß die meditative Kunst das feiert, was in uns steckt. Meister Eckhart und Paulus wie auch andere Mystiker und Mystikerinnen sprechen vom *inneren* Menschen. Wir benötigen Wege, um diesen inneren Menschen zu entdecken, um die *Wahrheit unserer Freude* wie auch unserer Wunden sprechen zu lassen.

Feier des künstlerischen Weges

Die Schöpfungsspiritualität legt Wert auf die Betonung und das Feiern des künstlerischen Weges. Sie ruft die Künstler auf, den Kräften des Mitgefühls zu dienen. Echte Kunst hat immer etwas zu sagen, was die Verdrängung innerhalb der Gemeinschaft aufhebt und die Gemeinschaft heilt. Deshalb ist jeder echte Künstler ein Prophet, genau wie auch jeder Prophet ein Künstler ist. Eine Religion kann leicht ins Moralisieren verfallen und beurteilen, was falsch und richtig ist, anstatt wahrzunehmen, zu schauen, dabeizusein. Dies sind alles Gaben, die den Künstlern und Künstlerinnen innewohnen. Für Matthew Fox war Jesus ein Künstler. Dieser war in der Lage, das Dasein zu achten.

Die Schöpfungsspiritualität erkennt in jedem Menschen, in seinem göttlichen Inbild einen Künstler. Sie theoretisiert nicht nur darüber, daß die Menschen Mitschöpfer und Mitkünstler mit Gott sind. Sie legt Wert darauf, daß sich die Menschen auf die meditative Kunst einlassen und sie als Hauptgebetsform praktizieren. Sich mit Unterstützung von Singen, Dichten und Schreiben zu sammeln, mit Tanz, Ton und Malen, mit Musik, Massage und T'ai Chi, ist eine tiefgehende Form des Gebets. Sind wir schöpferisch tätig, nehmen wir die neunzehn Milliarden Jahre alte Geschichte des Segnens, die uns das Universum schenkt, in uns auf und geben sie in veränderten Formen wieder von uns, in Formen, die unsere einzigartige Phantasie, unsere einzigartigen Stimmen, Hände und Herzen durchlaufen haben.

Matthew Fox sagt, daß die Christen ihre *Heidenangst* überwinden müssen. Das Wort *Heide* bezeichnet letztendlich nur die Bewohner von entlegenen Heidegebieten. Die Vorbehalte gegenüber Landbewohnern sind nur eine Folge der Unterdrückung unserer Erdverbundenheit. Diese Unterdrückung wird projiziert auf die Verachtung *ländlicher* Menschen, die nahe der Erde leben. Die übermäßig verstädterte Theologie verfällt leicht in eine *Heidenangst*, wenn ihr eine mystische Verbindung zur Erde fehlt. Gerade in der heutigen Zeit, in der sich die Erde durch Verwüstung von seiten der Technik, Wissenschaft und Religion in großer Gefahr befindet, ist es besonders wichtig, die Weisheit der alten mystischen Praktiken zu beherzigen. Diese waren abgestimmt auf den Kosmos, voll mit Liebe zur Erde. Eine Liebe, die ein Gelehrter einmal die *ursprüngliche Mutterliebe* nannte.[44]

Vertreter des Buddhismus

Wir können uns erlauben, achtsam zu gehen,
mit jedem Schritt unsere wundervolle Erde zu berühren.
THICH NHAT HANH

Thich Nhat Hanh

Der vietnamesische Mönch *Thich Nhat Hanh* ist Zen-Meister und Lehrer des Buddhismus in Europa und den USA. Er lebt in einer kleinen Ordensgemeinschaft in Frankreich.

Thich Nhat Hanh sagt zum Thema *Heilung der Erde*, daß Ökologie eine allumfassende, tiefe Ökologie sein sollte, die auch den Menschen mit einbezieht. Denn nicht nur in der Natur gibt es Verschmutzung, sondern auch im menschlichen Bewußtsein. Das Ökosystem der Erde wie auch das Ökosystem des Geistes sollte bewahrt werden.

Wer gerne im Wald spazierengeht, der weiß, daß die Wälder unsere Lungen sind. Dennoch haben sich die Menschen so verhalten, daß eine Entwaldung von zwei Millionen Quadratkilometern Land möglich wurde. Ebenso haben die Menschen die Luft und die Flüsse verschmutzt und Teile der Ozonschicht zerstört. Wir sind von jenem Denken gefangen, das nur annehmbare Bedingungen für unser kleines Selbst sucht, während wir zeitgleich unser großes Selbst zerstören. Wollen wir diese Situation beenden, so müssen wir damit anfangen, unser wahres Selbst zu leben, was bedeutet, selbst der Wald zu sein, selbst die Ozonschicht und der Fluß zu sein. Sehen wir uns selbst als Wald an, so erfahren wir auch die Ängste und Hoffnungen der Bäume. Tun wir dies nicht, so werden die Wälder sterben, und wir verpassen unsere Gelegenheit, zum Frieden beigetragen zu haben. Mit dem Verständnis, daß wir in Interaktion mit den Bäumen leben, daß wir wechselseitig miteinander verbunden sind, entsteht ein Wissen um den entscheidenden Beitrag, den wir für die Weiterexistenz der Bäume leisten können. Haben wir verstanden, daß wir mit den Bäumen in Interaktion leben, so wissen wir auch, daß mit dem Sterben der Bäume auch wir selbst bald nicht mehr da sein werden. Haben wir unsere Natur der Interaktion verstanden, so können wir aufhören, einander anzuklagen und zu töten. Das Üben der Achtsamkeit wie auch der tiefe Blick in das Wesen der Dinge bringen die Entdeckung der wahren Natur, der wechselseitigen Verbundenheit mit sich.

Man wird dann Frieden finden und die notwendige Stärke entwickeln, um mit allem in Berührung zu sein.[45]

Thich Nhat Hanh meint, daß es viele Gründe gibt, warum wir Menschen glücklich sein können. Ein Grund ist zum Beispiel, daß die Erde von Geduld und Liebe zu uns erfüllt ist. Sie wird uns, wann immer sie uns leiden sieht, beschützen. Wir brauchen uns mit der Erde als Zuflucht vor nichts fürchten, sogar vor dem Sterben nicht. Wenn wir achtsam über die Erde gehen, nähren uns die Bäume, Büsche, Blumen und der Sonnenschein. Um unseren Frieden und unsere Freude wiederherzustellen, kann es eine sehr tiefgreifende Übung sein, die Erde zu berühren. Wir sind Kinder der Erde. Wir können uns auf die Erde verlassen, und sie verläßt sich auf uns. Ob die Erde schön, belebend und grün oder öde und ausgedörrt ist, hängt von unserer Gehweise ab. Der buddhistische Mönch bittet uns Menschen: *Bitte berühre die Erde mit Achtsamkeit, mit Freude und Konzentration. Die Erde wird dich heilen, und du wirst die Erde heilen.*

Geshe Thubten Ngawang

Geshe Thubten Ngawang ist tibetischer Gelehrter und Meditationsmeister. Er ist Lehrer und geistlicher Leiter am Tibetischen Zentrum Hamburg. Er sagt:

Der Grund der Kriege, der Verelendung, der Umweltverschmutzung und der Ausbreitung neuer Krankheiten wie auch der verstärkten Produktion und des massenhaften Konsumierens von Waren liegt bei der Unersättlichkeit der Menschen an materiellen Dingen. Diese Geisteshaltung äußert sich in zerstörerischem Verhalten wie der Umweltverschmutzung und der Produktion von Massenvernichtungswaffen. Die Ursache dafür liegt im Geist des Menschen, welcher zu große Hoffnung auf äußere Dinge setzt.

Ein weiteres Grundproblem besteht darin, daß in unserer Gesellschaft wenig Austausch stattfindet zwischen den Menschen, die produzieren, und denjenigen, die soziale Interessen verfolgen. Beide Seiten müßten schon vor der Produktion miteinander darüber reden, ob ein Produkt nützlich ist beziehungsweise welchen Schaden es anrichten kann. Die, die produzieren und finanziell profitieren, haben eine andere Motivation als die, die sich für die Gesellschaft einsetzen.

Solange beide Seiten nicht zusammenkommen und eine gemeinsame Motivation als Grundlage ihres Wirkens bewerkstelligen, besteht keine Aussicht, Schaden von der Allgemeinheit abzuwenden. Diejenigen, die produzieren und deren Handeln Folgen für die gesamte Gesellschaft hat, müssen sehr genau abwägen und möglichst viele Nebenwirkungen mit einberechnen, bevor sie einen Schritt unternehmen. Ihre Einstellung sollte zuallererst von Mitgefühl geprägt sein. Sie sollten auf keinen Fall gleichgültig gegenüber den Folgen ihres Tuns sein, was zum Beispiel Krankheiten oder Unfälle betrifft.

Die Meditation kann ein Mittel sein, welches langfristig gegen die Umweltzerstörung wirkt. Wer sich in der Meditation liebender Güte übt, wird es vermeiden, Lebewesen zu töten oder sie zu verletzen.

Geshe Thubten Ngawang räumt ein, daß die Geistesschulung erst dann Umweltschutz bewirkt, wenn sie sich in Taten äußert.

Das Handeln der Ökologiebewegung ist sehr wichtig. Diejenigen, die ökologische Arbeit leisten, sollten dies jedoch mit einer guten Motivation tun und sich überlegen, welche Ziele sie für das Gemeinwohl anstreben und wie sie dies erreichen wollen. Weisheit und Mitgefühl, die die Grundlage für politisches Engagement sein sollten, lassen sich über die Meditation Schritt für Schritt entwickeln.[46]

Dalai Lama

Tenzin Gyatso, der 14. Dalai Lama, ist das geistige und weltliche Oberhaupt der Tibeter. Er lebt im Exil in Dharamsala, Indien, und erhielt für seinen unermüdlichen Einsatz für die Rechte der Tibeter 1989 den Friedensnobelpreis.

Für ihn wie für alle Buddhisten ist das Leben aller Wesen kostbar – seien es Menschen, Tiere oder andere Geschöpfe. Sie alle haben das gleiche Recht auf Glück und Zufriedenheit. Die Vögel, die wilden Tiere – alle, die den Planeten Erde bevölkern, sind unsere Gefährten. Sie gehören zu unserer Welt, wir teilen sie mit ihnen. Der Dalai Lama hat die Beobachtung gemacht, daß Menschen, die ohne Mitgefühl für Tiere sind, auch das Mitgefühl für die Menschen verlorengeht. Der Umkehrschluß daraus lautet, daß, je mehr Mitgefühl wir für die Tiere haben und je mehr wir ihr Leben für etwas Wertvolles halten, wir desto mehr das menschliche Leben achten.

Im Buddhismus wird der Mensch als ein Teil der Natur betrachtet. Der Dalai Lama hält es für selbstverständlich, daß das menschliche Glück und Wohlbefinden zum großen Teil von den Umweltbedingungen abhängig sind. Darum wird in den buddhistischen Texten erläutert, wie man sich der Natur gegenüber zu verhalten hat. Eine Regel verbietet zum Beispiel, die Vegetation zu verunreinigen. Buddha wird nachgesagt, daß er eine sehr tiefe Beziehung zur Natur hatte. Er ist nicht in einem Königspalast geboren worden, sondern in einem Garten unter einem Sala-Baum. Unter dem Bodhi-Baum erlangte er die Erleuchtung und zwischen drei Sala-Bäumen hat er diese Welt verlassen. Er scheint damit den Bäumen sehr zugetan gewesen zu sein.[47]

Peter von Stamm

Peter von Stamm ist Journalist und Tibet-Kenner. Er weiß:

Während die Menschen in der westlichen Welt sich oft als *Herrscher der Welt* ansehen, verstehen Tibets Buddhisten die Welt als Einheit, als etwas Universelles, in dem Mikro- und Makrokosmos eng miteinander verknüpft und voneinander abhängig sind. Während der Mensch in der westlichen Welt bemüht ist, die Natur auszubeuten und auf ihre Kosten möglichst viel zu profitieren, ohne die Grenzen des Nutzens und Benutzens zu beachten, gelten bei den Tibetern Natur, Tiere, Pflanzen und Menschen als gleichwertig. Der Mensch, der als vernünftiges Wesen gilt, ist der Hüter der Erde. Für die Tibeter ist daher der versehentlich zugefügte Tod eines Wurms während des Haus- oder Straßenbaus gleichbedeutend mit einer Tragödie. Es gilt bei den Tibetern als gute Tat, ein schlachtreifes Tier aus den Händen des Metzgers freizukaufen und dem Tier das Leben zu schenken. Dieses innige Verhältnis zur Natur hat Tibet viele Jahrhunderte lang einen großen Reichtum an seltenen Pflanzen und Tieren beschert.

Schon seit vielen Generationen sorgt sich das tibetische Volk um den Erhalt der natürlichen Ressourcen, wie auch um den Schutz der Tiere und darum, im Einklang mit der Natur zu leben. Die Herrscher Tibets verkündeten in der Vergangenheit immer wieder Erlasse zum Schutz der Erde in dem tiefen Bewußtsein, daß nur ein Miteinander von Mensch und Natur auf der Erde dauerhaftes Glück und Harmonie gewähren kann. Doch durch den Einmarsch der chinesischen Truppen 1949/1950 wurde dieses friedliche Miteinander von Mensch und Natur jäh gestört, was fatale Folgen für das ökologische System in Tibet wie für die Tibeter selbst hatte.[48]

Dschampa Tendzin

Dschampa Tendzin ist buddhistischer Mönch und Mitglied des Tibetischen Zentrums in Hamburg.

Wenn es im Buddhismus um Naturverständnis geht, so ist für Tendzin die zentrale Frage, wie den Lebewesen zu mehr Glück verholfen werden und wie das Leid eingedämmt oder völlig überwunden werden kann. Das oberste Gebot des Buddhismus lautet *Nichtverletzen*, und wenn man dazu in der Lage ist, soll man anderen nützen. Dafür ist die Voraussetzung Schulung auf geistig-spirituellem Gebiet.

Durch die starke materielle Entwicklung wirken sich viele Tätigkeiten der Menschen auf den gesamten Planeten aus. Darum trägt jeder Mensch eine universelle Verantwortung, besonders dann, wenn er in einem Land lebt, welches große Mengen Ressourcen verbraucht. Neben dem Aspekt des Mitgefühls und des Nichtverletzens, was für alle Lebewesen gilt, ist die Genügsamkeit ein wichtiges ethisches Gebot im tibetischen Buddhismus. Genügsamkeit bedeutet, daß man nicht immer noch mehr und noch bessere Dinge für sich beansprucht. Die meisten materiellen Güter bewirken in uns keine dauerhafte Glückseligkeit. Wir sind oft ungenügsam und meinen, Glück aus materiellen Annehmlichkeiten gewinnen zu können. Je besser man diese Täuschung durchschaut und die Vergänglichkeit des Daseins versteht, um so leichter fällt es einem, genügsam zu sein. Die Ökologie der Gegenwart fordert uns zur Genügsamkeit auf. Die äußere Natur macht uns unsere Grenzen deutlicher als den vorangegangenen Generationen. Dies beinhaltet die Möglichkeit zum Lernen.

Genügsamkeit und Mitgefühl erfordern sinnvollere Lebensweisen, als die Konsumgesellschaft bieten kann. Es ist wichtig, daß der Mensch positive Erfahrungen auf spirituellen Gebieten sammelt. Der geistige Naturschutz spielt dabei eine wichtige Rolle. Nach buddhistischer Auffassung gibt es neben der äußeren Natur auch eine innere, die aus buddhistischer Sicht noch wichtiger ist, die aber auch von der äußeren Natur abhängig ist. Etwas zu verändern erfordert Geduld, denn die innere Natur des Menschen verändert sich nur sehr langsam. Durch unser eigenes Verhalten können wir ein Vorbild abgeben, welches sich auf die Gesellschaft auswirkt und konkrete Aktivitäten nach sich zieht. Dieser Prozeß muß auf verschiedenen Ebenen – politisch, gesellschaftlich und spirituell vollzogen werden.[49]

Vertreter des Hinduismus

Sacinandana Swami

Sacinandana Swami ist ein eingeweihter spiritueller Meister der Hare Krishna Bewegung.

Nach dem Verständnis des Hinduismus gibt es für ihn in unserer Welt drei Naturen: Zum einen die äußere oder materielle Natur, die aus den fünf Bausteinen Feuer, Erde, Wasser, Luft und Äther besteht. Dann gibt es die innere oder spirituelle Natur. Sie ist die ewig spirituelle Welt, die voller Wissen und allglückselig ist. Die dritte Natur ist das, was zwischen der inneren und äußeren Natur liegt. Sie besteht aus den Seelen, den Lebewesen, die entweder in der inneren Natur sind oder sich in der äußeren Natur befinden.

Der Mensch der Gegenwart hat sich von dem beseelten oder göttlichen Verständnis der Natur entfremdet und gleicht aus Sicht des Hinduismus einer Ameise, die auf einem Menschen krabbelt. Sie mag sich durch das Menschenhaar bewegen und denkt, sie sei in einem feuchten Dschungel. Die Ameise ist jedoch nicht in der Lage, eine Verbindung zum Menschen herzustellen. Auf ähnliche Weise sind wir Menschen aufgrund unserer materialistischen Lebensauffassung nicht in der Lage, die Natur als kosmische Form Gottes anzuerkennen. Wir Menschen sind ewige Teile Gottes und stammen ursprünglich von der inneren Natur ab. Durch ein spirituelles Verständnis können wir unser Ameisenbewußtsein erweitern, was zur Folge hat, daß wir die Natur als göttlich wahrnehmen und entsprechend achtsam mit ihr umgehen. »Ein Mensch, der Gott in der Natur zu sehen vermag, ist in der Lage, eine respektvolle Haltung einzunehmen«, so Sacinandana.

In den Teilen Indiens, die noch nicht vom Materialismus überwuchert sind, wird nach Einbruch der Dunkelheit nicht mehr geerntet oder gemäht, da die Natur, die im Hinduismus als beseelt aufgefaßt wird, in dieser Zeit schläft.

Das Problem der Umweltverschmutzung ist zugleich ein Problem der Bewußtseinsverschmutzung. Wenn das menschliche Bewußtsein von Gier verschmutzt ist, kann sich der Mensch nicht einschränken und wird dann auch die Umwelt verschmutzen beziehungsweise ausbeuten. Im Hinduismus reinigt man sein Bewußtsein mit Klangschwingungen. Wasser ist zwar in der Lage, den Körper zu reinigen, doch ein Problem im Gemüt kann es nicht beseitigen. Ist das Bewußtsein mit Gier und Neid besetzt, reinigt man sich über ein Mantra. Es soll das menschliche Bewußtsein aus der materiellen Verhaftung befreien.[50]

Vertreter des Islam

Scheich Abdullah Halis

Der Sufi-Scheich Abdullah Halis ist an einem Institut für Islamstudien als Dozent tätig. Er weiß:

Das Verständnis des Menschen von seinem Lebensraum hat ganz bestimmte Ursachen. Eine dieser Ursachen ist, daß der Mensch sich selbst und damit Gott vergessen hat. Das Verständnis der Natur ist gleichzusetzen mit dem Verständnis des Menschen zu sich selbst und seinem eigenen göttlichen Ursprung. Der Mensch sollte begreifen, daß die Umwelt nicht um ihn herum ist, sondern daß er Teil dieses Lebensraumes ist.

Die Schöpfung ist ein dem Menschen anvertrautes Gut.

Der Koran sagt, daß der Mensch essen und trinken kann, er solle sich aber vor der Verschwendung hüten. All das, was der Mensch an Nahrung und Kleidung benötigt, steht ihm frei zur Verfügung. Für all das, was wir Menschen uns darüber hinaus nehmen, müssen wir Gott Rechenschaft ablegen.

Die Voraussetzung, andere Lebewesen wahrzunehmen, besteht darin, daß der Mensch lernt, sich selbst zu achten. Würden wir uns selbst erkennen und die Schreie der Natur hören, würde auf diesem Planeten vieles anders aussehen.

Für Muslime ist sämtlicher Besitz eine Gottesgabe. Das bedeutet, daß man zwar Reichtum erlangen darf, diesen aber nicht zur Schau stellen sollte. Im Islam gelten bezüglich des Besitzes zwei Prinzipien. Zum einen gibt es *Haram*, das, was verboten oder rituell unrein ist, und zum anderen *Hab al*, jenes, was rituell rein ist. Angenommen, man geht einem Gewerbe nach und treibt Handel mit Schlachtvieh, so dürfen die Tiere dabei nicht gequält werden, denn das hätte zur Folge, daß das erwirtschaftete Geld rituell unrein ist. Es ist nicht erlaubt, aus dem Schmerz von Tieren oder der Übervorteilung eines Menschen einen Gewinn zu machen. Das daraus gewonnene Geld gilt als unrein. Abdullah Halis mahnt, daß einem Reichtum zum Verhängnis wird, wenn nur ein Tropfen davon unrein oder unehrenhaft erworben wurde.[51]

Vertreter der Ureinwohner Afrikas

Mike Matsosha Hove

Mike Matsosha Hove unterrichtete mehrere Jahre an Dorfschulen in Zimbabwe und gilt als Bewahrer der Tradition.

Seiner Meinung nach glauben die Europäer, daß die Menschen dazu berufen sind, sich die Natur untertan zu machen. Die Afrikaner denken anders darüber. Sie gehen davon aus, daß sie die Natur nur teilweise unterwerfen können und sie dabei nicht verletzen dürfen. Ein umherstreifender Löwe zum Beispiel, der das Vieh reißt, wird erlegt. Solange er aber in der Natur friedlich lebt, wird er in Ruhe gelassen. Die Reichtümer der Natur werden von Hoves Volk genutzt, es sieht es aber als moralische Pflicht an, die Natur in ihrem ursprünglichen Zustand zu belassen. Wenn Afrikaner im Buschgebiet unterwegs sind, werden sie an unzähligen Fruchtbäumen vorbeikommen und nur soviel von den Früchten essen, bis sie satt sind. Vielleicht nehmen sie einen kleinen Proviant für die

Reise mit, mehr aber nicht. Der Rest der Früchte wird denjenigen überlassen, die nachkommen.

Die Weisheit der Menschen stammt aus ihrer Umgebung. Macht die Natur das unmittelbare Erleben des Menschen aus, so kann er nicht anders, als seine Weisheit aus ihr abzuleiten.

Hove läßt den verschiedenen Tabus eine wichtige Rolle für die Erde zukommen. Der Wert von Tabus liegt darin, die Welt in ihrer Ordnung zu bewahren und Harmonie aufrechtzuerhalten. Tabus lehren den Menschen Demut. Sie vermitteln uns, daß wir ein Teil des unendlichen Ganzen sind. Für die Menschen in Zimbabwe ist ein bestimmtes Tier tabu. Es wird respektiert und nicht gegessen, weil es die eigene Persönlichkeit in der Natur vertritt. In der Familie von Hove wird der Fisch respektiert und nicht angerührt. Das Nichtessen des Fisches, obwohl er vielleicht ausgezeichnet schmeckt, dient der Disziplin. Diese erzwingt den nötigen Respekt, mit dem Ergebnis, daß man eines Tages innehält und sich Gedanken darüber macht, wer man ist, welche Bedeutung man hat und welchen Platz man in der Welt einnimmt. Das Tabu beeinflußt die Einstellung zu sich selbst und zur Schöpfung um sich herum. Hove sieht diese Einstellung nicht als Aberglaube an, sondern als Mittel, das Gleichgewicht der Natur durch Respekt zu erhalten.[52]

Chenjerai Hove

Chenjerai Hove gilt als der bedeutendste Dichter Zimbabwes.

Die Menschen Zimbabwes, so wie alle Afrikaner, haben ihre individuelle Philosophie aus den Beziehungen des eigenen Körpers zu anderen Körpern und zur Natur entwickelt. Leben bedeutet, mit anderen zusammenzuleben, und somit auch mit den Tieren und Pflanzen.

Spiritualität ist nicht dem Menschlichen allein vorbehalten. Tiere, Pflanzen, Erde, Hügel, Bäume und Orte bilden Teile der menschlichen Spiritualität. Die Ältesten in Zimbabwe sprechen von Bäumen, die nicht als Feuerholz genutzt werden dürfen. Sie reden von Hügeln, deren heilige Gipfel nicht erklommen werden dürfen. Manche Vögel sind heilig, sie dürfen nicht getötet werden, da sonst der Regen ausbleibt. Manche

Flüsse dürfen von den Führern und Ältesten nicht überquert werden, da man sonst befürchtet, daß das Land kahl und kahler wird.[53]

Aiden Tevera Manwa

Aiden Tevera Manwa ist Hüter des Geistes von *Great Zimbabwe*, einem Heiligtum, dessen Geschichte auch die Geschichte der Überlieferung des Landes in sich trägt.

Er sagt, daß eines unserer Probleme die neue Weisheit ist. Diese bietet keinen Raum für die alte Weisheit seiner Völker. Beide Weisheiten liegen im Widerstreit. Die neue Weisheit geht einher mit einer Vertreibung anderer Weisheiten. Sie ist eine Weisheit der Eroberung und kämpft um ihren Platz, im Gegensatz zur alten Weisheit. Die alte Weisheit hat sich zurückgezogen und wartet auf den Tag, an dem sie wieder aufgesucht wird. Die Vorfahren von Manwa schlossen die Türen zu ihrer Weisheit. Die Achtung von Ritualen und Bräuchen ist der Schlüssel zu ihnen. Heutzutage wollen die Träger der neuen Weisheit die Bräuche der Vorfahren kennenlernen. Doch sie haben nicht die Kraft, die notwendigen Rituale auszuüben.[54]

Simon Kadere

Simon Kadere ist ein Unterhäuptling in Zimbabwe.

Er sagt, daß das Leben wie auch das Sterben aus der Erde stammt. Wenn man Simon Kadere fragen würde, was er, wenn er zwischen Geld oder Erde auswählen könne, wählen würde, so würde er sich für letztere entscheiden, denn in ihr ist sämtliches Leben enthalten. Mit dem Tod kehrt der Körper zur Erde zurück, um das Leben der Erde zu erneuern. Begeht jemand ein Verbrechen, so ist es ein Verbrechen gegen die Erde, in der die Vorfahren begraben sind. Die Erde ist das Gesetz der Menschen in Zimbabwe und auch ihre Weisheit. Sie hütet die Gesetze, denn sie hütet die Körper der Vorfahren.

Wurden in vergangenen Zeiten Flächen gerodet, so hieß das nicht, daß ganze Wälder vernichtet wurden. Die großen Bäume wurden stehengelassen. Auch Tiere wurden als Freunde angesehen. Sie durften nicht leichtfertig getötet oder als ganze Herde ausgelöscht werden. Die Vorfahren und auch der Schöpfer ließen dies nicht zu. Es wurde den Jägern lediglich erlaubt, einzelne Tiere zu erlegen, wenn Häute benötigt wurden. Manche Tiere durften überhaupt nicht gejagt werden.

Während der Regenzeit wurde ein Tag des Monats von den *spirit mediums* zum heiligen Tag bestimmt. Die Vorfahren lehrten die Jahreszeit wie auch Regen und Erde zu respektieren. Starb jemand im Dorf, so war die Arbeit auf dem Feld verboten, damit eine Zeit der Trauer verging. In dieser Zeit durfte die Erde, das Heim der Vorfahren, welches den Verstorbenen aufgenommen hatte, nicht gestört werden. In dem Maß, in dem die Bräuche von Fremden angenommen werden, verliert sein Volk die eigenen Bräuche. Junge Männer und Frauen mit Schulbildung erlassen heutzutage die Gesetze des Landes. Doch sie kennen das Land nicht. Die Ältesten wissen um die Heiligkeit der Erde. Sie sind die Hüter des Menschseins in Zimbabwe.[55]

Vertreter der Ureinwohner Neuseelands

Papaturnuki, unsere Erde,
ist eine ausgesprochen großzügige Mutter,
die alle beschützt.
Wir sollten wieder mehr auf sie hören.
Für mich liegt die Antwort auf jede Frage in der Natur.
RAMARI STEWART

Ramari Stewart

Ramari Stewart ist Neuseeländerin. Sie gehört zur polynesischen Minderheit ihres Landes – den Maori. Sie ist Zoologin und verbringt viele Monate im Jahr auf einer der abgelegensten Inseln der Welt, auf Campbell im Südpolarmeer, südlich des 50. Breitengrades. Dort erforscht sie unter anderem die seltenen Glattwale, die sich vor der Küste paaren, oder beobachtet die Seelöwen.

Die Maori betrachtet die Tiere und Pflanzen als Kinder des himmlischen Vaters und der Mutter Erde. Für sie sind alle Tiere Persönlichkeiten, jedes verhält sich unterschiedlich.

Das Wissen um die Besonderheit eines jeden Tieres hilft Ramari Stewart dabei, sich in deren Wesen hineinzufühlen, egal, ob es ein Wal oder ein kleines Insekt ist. Ihr Einfühlungsvermögen reicht sogar so weit, daß sich die Seelöwen bei Stewarts Gegenwart nicht einmal in ihrem *Intimleben* gestört fühlen.

Die Zoologin ist von zwei verschiedenen Welten geprägt. Ihr Maori-Vater lehrte sie, wie die einzelnen Tierarten in Verbindung stehen und welche Rolle sie in der Natur ausüben. Von ihrer englischen Mutter erfuhr sie, was es heißt, für die Tiere Verantwortung zu tragen und deren Bedürfnisse zu erkennen.

Schon von Kindheit an ist Ramari Stewart mit den Gesängen und Trauerliedern der Maori – mit der Musik der *Waiata* – vertraut. In diesen Liedern besingen die Ureinwohner Neuseelands die Natur, die ihr eigenes Leben widerspiegelt.

Als die Maori zum ersten Mal die Halbinsel Campbell betrat, entdeckte sie einen Felsen, welcher die Umrisse eines Frauenkopfes mit Haarknoten aufwies. Er ähnelte einem typischen Maori-Gesicht. Seitdem ist die Insel für sie *Topuna* – die Urahnin. Dieses Wiedererkennen hilft ihr, die Welt als Mutter Erde anzusehen, die die Maori *Papaturnuki* nennen.

Manchmal erscheint es Ramari Stewart, als sei sie die *kaitiaki* – die Wächterin – der Bucht. Dies erzeugt bei ihr ein Wohlgefühl, verbunden mit einem Empfinden für das Land, das sie dazu bewegt, es als etwas Heiliges anzusehen. Das Land ist für sie *wairura* – der Geist der Erde. Trotz des Empfindens, sich als Wächterin der Insel zu fühlen, sieht sich die Zoologin lediglich als Gast auf Campbell an, obwohl sie mehrere Monate im Jahr auf der Insel verbringt.

Ein Hauptaugenmerk richtet die Forscherin auf die Glattwale. Wenn sie im Juli (in dieser Zeit ist Winter auf der Halbinsel) mit dem Schiff zur Insel fährt, ruft sie noch von Bord aus den traditionellen Ruf der Maori – den *Karanga* –, mit dem die neuseeländischen Ureinwohner früher die Wale begrüßt haben.

Die Maori unternahmen schon vor Jahrhunderten weite Reisen zwischen Neuseeland und Zentralpolynesien. Dabei folgten sie den Routen der Meeresgiganten und fanden mit ihren kleinen Booten bei rauher See Schutz zwischen den Walen. Ähnliche Erfahrungen hat auch die Zoologin gemacht, als sie während eines Sturmes alleine segelte. Darum sind Wale für die Maori die Beschützer der Menschen auf See.

Ramari Stewart hat, da sowohl ihre europäischen wie auch ihre Maori-Vorfahren Wale jagten, oft das Gefühl, als müsse sie die Meeresgiganten, wenn sie in deren Gegenwart ist, um Verzeihung bitten. »An dem Tag, als die Menschen anfingen, die Wale zu harpunieren, brachen wir den Bund mit ihnen – den *koua*. Fast hätten wir die Wale für immer verloren. Jetzt ist es unsere Aufgabe, ihre Beschützer zu sein.«

Ramari Stewart sagt, daß es die Aufgabe eines jeden von uns ist – nicht nur von den Wissenschaftlern –, wieder zu lernen, die Welt mit all ihren Lebewesen zu teilen. Wir sind alle Geschöpfe von Mutter Erde. Somit sind sämtliche Geschöpfe unsere Brüder und Schwestern.[56]

Vertreter der Ureinwohner Nordamerikas

Thomas Banyacya Sr.

Der verstorbene Thomas Banyacya Sr. war Übersetzer und Dolmetscher der spirituellen und traditionellen Führer der Hopi.

Laut Banyacya wird in der Gesellschaft der Hopi gelehrt, für die Pflanzenwelt, die Tiere und Vögel, für die Nahrung, die man von Mutter Erde erhält, zu beten und diese Dinge mit einem Gebet in Empfang zu nehmen. In der Zeit, wenn die Pflanzen sprießen, gehen die Hopi auf die Felder und singen den Pflanzen etwas vor, denn in dieser Zeit gleichen die Pflanzen den Säuglingen. Die Hopi sprechen auch mit den Pflanzen, so als ob es Menschen wären, sie reden ihnen gut zu. Auf diese Weise beschützen sie das Leben in der Natur.

Den Unrat, den die Menschen geschaffen haben, müssen sie selbst aufräumen. Wenn sie es versäumen, wird Mutter Erde sie heftig schütteln. In dieser Zeit ereignen sich furchtbare Erdbeben, Stürme, Tornados, Vulkanausbrüche und Überschwemmungen. Weitere Katastrophen werden, so die Prophezeiungen der Hopi, folgen. Deshalb sind die Hopi in Sorge. Es ist an der Zeit, innezuhalten, sich umzublicken und abzuwägen, was wir tun. Wir müssen uns gegenseitig als ein Volk betrachten; wir müssen zusammenarbeiten und uns gegenseitig helfen, auf dieser Erde wieder ein Leben im Gleichgewicht herzustellen.[57]

Janet Mc Cloud

Janet Mc Cloud gehört zum Stamm der Tulalip.

Als Folge der Umweltverschmutzung und der Staudämme verschwinden die Lachse, Büffel, Wandertauben und viele andere Arten. Die Art, die aber am stärksten gefährdet ist, sind die Menschen. Mc Cloud wird öfter von weißen Jugendlichen besucht, die sie *New Age-Kids* nennt. Sie wird gebeten, den Jugendlichen zu helfen, zur Natur zurückzufinden. Sie antwortet darauf mit einer Gegenfrage. »Wie kannst du zur Natur zurückfinden? Wir *sind* Natur! Wir sind ein Teil von dir und von mir und dieser Luft, die uns alle miteinander verbindet.«[58]

Leon Shenandoah

Leon Shenandoah ist der oberste Häuptling der Onondaga.

In den Grüßen, die in der Onondaga Nation anstelle von Gebeten gesprochen werden, bedanken sich die Ureinwohner bei allem, was der Schöpfer auf Mutter Erde hinterlassen hat. Shenandoah selbst betet nie um Geld, denn dies hat der Schöpfer nicht gemacht. Als der Schöpfer auf diese Welt kam, kreierte er die Erde und gab den Menschen ihren Platz, genauso wie er auch den Gräsern, dem Unkraut und den Heilpflanzen ihren Platz gab, damit sie das Überleben der Menschen sichern. Er übergab dem Wasser die Aufgabe, aus dem Untergrund zu kommen. Den Donner wies er an, Mutter Erde zu waschen und alle Pflanzen zu wässern. Die Grüße des Volkes der Onondaga berichten davon, was der Schöpfer vollbracht hat. Es ist die Pflicht der Onondaga, ihm für alles zu danken. Deshalb sagt *Shenandoah,* daß es unsere Aufgabe ist, Hüter der Erde zu sein.

Wenn die Menschheit nicht sehr aufpaßt, wird das Wasser nicht mehr trinkbar, die Luft nicht mehr atembar und der Boden vergiftet sein, mit der Folge, daß nichts mehr wächst. »Man weiß, daß das eintreten wird, aber man weiß nicht, wie bald. Wir könnten die Situation entschärfen, wenn die Menschen die Dinge vermeiden würden, die Luft, Boden und Wasser verschmutzen. Aber so wie ich es sehe, stehen wir kurz vor dem Punkt, an dem ein Umkehren nicht mehr möglich ist«, warnt Shenandoah. Er sagt weiter: »Es heißt, wir sind alle Besucher. Und daß niemand von uns für immer hier bleibt. Die Zeit steht fest, aber außer dem Schöpfer weiß niemand, wann wir gehen müssen.«[59]

Sara Smith

Sara Smith ist eine Mohawk, ein Stamm, der zum Völkerbund der Irokesen gehört.

Bei den Irokesen gibt es eine Legende, die erklärt, warum das Kaninchen so große Ohren hat: Die Ohren fallen deswegen so groß aus, weil das Kaninchen zum Hören erschaffen worden ist. Wir Menschen sollten uns das Kaninchen als Beispiel nehmen und spirituelle Ohren entwickeln. Nicht nur um zu hören, was gesagt wird, sondern auch um wahrzunehmen, was nicht in Worte gekleidet ist. »Wir hören den Wind nicht mehr, wir hören nicht länger die Sprache der Steine, der Farben oder irgendeiner der Naturkräfte; wir stimmen nicht länger in sie ein, weil wir vor langer Zeit unsere Ohren verschlossen und ihnen gestattet haben einzuschlafen. Es ist an der Zeit, unsere eigenen Ohren aufzuwecken und zu lauschen.«

Jedes andere Lebewesen hat sich an seine Pflichten und Verantwortungen gehalten und sie ausgeführt, nur wir Menschen sind es, die das vergessen haben. Es wird von uns alles als selbstverständlich angesehen. Die heiligen Gaben, die uns zu unserem Vorteil und Nutzen gegeben wurden, damit wir von ihnen lernen können, sind von uns benutzt und mißbraucht worden.[60]

Wenn die Gräser aufhören würden
der Weise der Schöpfung zu folgen,
wenn sie aufhören würden zu wachsen
und Nahrung für andere Dinge
an diesem Ort zu bieten,
würde das Leben, wie wir es kennen,
aufhören.
SOTSISOWAH – JOHN MOHAWK

Sotsisowah – John Mohawk

John Mohawk ist Mitglied der Seneca, ein Stamm, der ebenfalls zum Völkerbund der Irokesen gehört.

Die Erde will uns durch Wetteränderungen, Erdbeben und Baumsterben warnen. Dies sind Krankheitssymptome des lebenden Körpers namens Erde, die eigentlich für jedermann sichtbar sind. Doch die Menschen wenden sich ab, ohne zu begreifen, daß sie zu dem kranken Körper gehören. Die Menschen sehen und hören nicht die Botschaft der Erde, dafür folgen sie den Botschaften des Fernsehens. Fernsehen ist ein Bestandteil ihrer Realität geworden.

Der Völkerbund der sechs Nationen der Irokesen, die *Houdenoshaunee*, verfügt über Prophezeiungen. In ihnen ist die Rede von einer Zeit, in der weltweit die Bäume sterben. Diese Prophezeiungen haben sich erfüllt. Nun ist es an der Zeit zu handeln. Das Sterben der Wälder und das Verkümmern der Böden sind weder durch eine höhere Gewalt noch durch einen Virus aus Übersee entstanden. Der Zustand der Erde ist von Menschenhand verursacht. Die Krankheit der Erde konnte sich ausbreiten, da die Menschen die natürliche Bindung zum Körper der Erde verloren haben. Diese Bindung wurde von den Ureinwohnern nie aufgegeben. Sie betrachten das Land als Mutter. Dadurch war ihre Bindung zur Erde wie die eines Kindes zur Mutter. Es war eine liebevolle und respektvolle Bindung. »Die Erde wurde von euch infiziert und jetzt drückt ihr euch vor der Konsequenz. Euer Verhalten könnt ihr nur korrigieren, wenn ihr euer Bewußtsein ändert. Nur ein spiritueller Umgang mit der Umwelt kann die Erde und uns noch retten«, so Sotsisowah.[61]

Craig Carpenter

Craig Carpenter gehört zum Stamm der Mohawk. Er ist ein Fürsprecher der Hopi.

Ich hatte 1998 auf dem Weltkongreß der Schamanen und Indianer in Neuß die Gelegenheit, persönlich mit Carpenter zu sprechen. Dabei erzählte er mir, daß die Menschen die Aufgabe haben, die Natur zu beschützen und auf sie aufzupassen. Tun wir dies nicht, so werden wir vernichtet werden. Carpenter antwortete auf meine Frage, wie wir die Erde vor der Zerstörung retten können, damit, daß wir davon abkommen müssen, Geld zu benutzen. Jeder Mensch sollte sein Essen selbst produzieren, sprich anbauen, ernten und zubereiten. Auch die Kleidung sollte selbst hergestellt werden, genauso wie auch das Haus, in dem man wohnt, mit eigenen Händen angefertigt werden sollte, und nicht von Maschinen. Wir müssen anfangen, *mit* der Natur zu arbeiten. Die Menschen sollten dem Stadtleben den Rücken zukehren und aufs Land gehen und dort den Boden bewirtschaften, von dem sie sich ernähren, und unabhängig sein von äußeren Einflüssen.

Auf die Frage, ob Spiritualität und Ökologie zusammengehören, antwortete der Fürsprecher der Hopi, daß Spiritualität in jedem Moment unseres Lebens präsent sein sollte und nicht nur in einzelnen Bereichen, wie zum Beispiel der Ökologie. Er meinte auch, daß wir wieder lernen müssen, Respekt vor der Natur zu haben.

Zum spirituellen Bewußtsein gehört seiner Meinung nach, keine Maschinen und kein Geld zu benutzen. Je mehr sich der Mensch darin übt, diese Dinge nicht zu gebrauchen, desto mehr Freude wird es ihm bringen.

Die Umweltresolution der Ureinwohner

Am 19. Juni 1991 fand am *Bear Butte* (ein für verschiedene Indianer-Stämme heiliger Berg in South Dakota) eine sich

Protecting Mother Earth nennende Umweltschutzkonferenz mit Vertretern indigener Völker statt, die abschließend einen *Kodex einer Umweltethik* verfaßte. Dieses Dokument veranschaulicht das spirituell-ökologische Bewußtsein indigener Kulturen und den daraus resultierenden Aufruf zu konkretem Engagement:

»Eingeborene Völker sind ein lebender und wesentlicher Bestand der natürlichen Welt. Wir haben stets gegen die Entwürdigung und Zerstörung von Mutter Erde Widerstand geleistet und setzen diesen heute fort. Vom Amazonas bis zur Antarktis streben unsere Völker danach, traditionelle Verbindungen mit der Erde aufrechtzuerhalten und unser Selbstbestimmungsrecht auf unserem Land zu verteidigen. Wir begreifen klar, daß, um das Land zu bekommen, erst das Volk entfernt werden muß, und deshalb sind eingeborene Nationen ausgerottet worden. Gerade deshalb ist unser Widerstand für den Schutz unseres Landes entscheidend.
Das Überleben unserer Völker und das Überleben unserer Mutter, der Erde, gehören zusammen. Das Weltbild eingeborener Völker unterscheidet sich von dem einer industriellen Gesellschaft und dem der Europäer, die in unsere Heimatländer kamen. Nach der traditionellen eingeborenen Betrachtungsweise müssen Entscheidungen im Hinblick auf sieben kommende Generationen gefällt werden. Beschlüsse müssen im Sinn der engen Verbindung zwischen dem Gesetz der Natur, den Lehren der Vorfahren, dem Wissen unserer Ältesten und dem Überleben künftiger Generationen gefaßt werden. Unsere Traditionen legen Zeugnis ab von einer ökologisch nachhaltigen Entwicklung in Harmonie mit der Erde und von der Fähigkeit der Menschen, den Weisungen der Naturgesetze entsprechend zu leben. Es ist wesentlich, daß das Weltbild der Eingeborenen sich in unserer Arbeit widerspiegelt. Wir verstehen, daß alle Völker zusammenarbeiten müssen, um die Erde vor ihrer Zerstörung zu bewahren. Wir rufen alle Umweltgruppen, religiöse Vereinigungen, Volksvertretungen und andere Interessensgruppen auf, mit konkreten, handfesten Aktionen die Erde zu verteidigen.«[62]

Vertreter der modernen Ökologie

Baldur Springmann

Baldur Springmann ist ein Mitbegründer der Grünen. Er lebt in Norddeutschland und ist Bio-Landwirt.

In einem Gespräch erzählte mir Springmann, daß er die Erde als Mutter des Lebens ansehe. Unser Umgang mit der Erde sei bedeutend für deren Fortbestand. Er hält es für wichtig, in den Kindern die Liebe zur Erde zu wecken, und sieht Gandhi dabei als Vorbild an.

Die Politiker meinen, daß sie Probleme mit dem Verstand anstatt mit dem Herzen lösen können. Der Bio-Landwirt sieht das anders. Für ihn muß das Herz die Richtung bestimmen, der Verstand sagt dann, wie alles weitere in die Tat umgesetzt wird.

Auf die Frage, welchen Sinn die Menschheit auf der Erde hat, antwortet Springmann, daß wir im Unterschied zu Bruder Tier und Schwester Pflanze Mitschöpfer sind. Gott gab uns Verantwortung mit an die Hand. Wir haben die Möglichkeit in die Wiege gelegt bekommen, die Erde schöner zu gestalten oder sie zu zerstören. Unsere Aufgabe ist es, die Erde zu behüten und darüber hinaus deren Weiterentwicklung zu fördern.

Der Landwirt vergleicht den Menschen mit einer Raupe, ein hungriges Wesen, das nichts anderes im Sinn hat, als zu fressen, bis es den ganzen Baum, von dem es lebt, und damit auch seine Lebensgrundlage zerstört hat. Doch die Raupe beendet eines Tages ihre Freßlust, spinnt sich in einen Kokon ein und zieht sich damit in einen beinahe meditativen Zustand zurück. Irgendwann schlüpft dann aus der Raupe ein Schmetterling, der auf seine wundervolle Art die Welt verzaubert. Wir befinden uns zur Zeit im Raupenstadium. Über die Meditation können wir erkennen, daß auch in uns die Veranlagung zu einem Schmetterling steckt und daß wir in der Lage sind, eines Tages die in allen Regenbogenfarben schimmernden Flügel zu entfalten und als wunderschöner Schmetterling emporzusteigen.

Springmann sagt, daß die Menschen über das richtige Maß der Technologie hinausgewachsen seien. Wir sollen Gottes Stimme in der Natur hören und diese zu unserem Leitfaden machen, die Schöpfungskraft in den Naturvorgängen erkennen und daraus Richtlinien für unser Leben finden.

David Suzuki

David Suzuki ist Professor für Genetik an der Universität in Toronto und Ökologe. Seine folgend aufgeführte Erklärung ist als Entwurf für eine *Charta wechselseitiger Abhängigkeit* gedacht, die nach seiner Meinung im Mittelpunkt einer zukunftsfähigen Politik stehen müßte.

Charta wechselseitiger Abhängigkeit
»Wir sind die Erde, der Regen und die Ozeane«

Dies wissen wir

Wir sind die Erde durch die Pflanzen und Tiere, die uns ernähren.
Wir sind der Regen und die Ozeane, die durch unsere Adern fließen.
Wir sind der Atem der Wälder und der Pflanzen des Meeres.
Wir sind menschliche Tiere, verwandt mit allen anderen Lebewesen als Nachkommen der allerersten Zelle.
Wir teilen mit dieser Verwandtschaft eine gemeinsame Geschichte, eingeschrieben in unseren Genen.
Wir teilen eine gemeinsame Gegenwart voller Ungewißheit.
Und wir teilen eine gemeinsame Zukunft, die bis jetzt noch unbeschrieben ist.
Wir Menschen sind nur eine von dreißig Millionen Arten,
webend die dünne Schicht des Lebens, die die Welt umhüllt.
Die Stabilität der Gemeinschaften aller Lebewesen ist auf diese Vielfalt angewiesen.
Als Teil des Netzwerkes aller Gemeinschaften sind wir miteinander verbunden:
Wir verwenden, reinigen, teilen und erneuern die grundlegenden Elemente des Lebens.
Die Stabilität der Gemeinschaften aller Lebewesen ist auf ihre Vielfalt angewiesen.
Unsere Heimat, der Planet Erde, ist nicht unbegrenzt; alles Leben teilt seine Ressourcen und die Energie der Sonne miteinander und ist deshalb in seinem Wachstum begrenzt.

Zum ersten Mal nun haben wir diese Grenzen berührt.

Wenn wir die Luft, das Wasser, den Boden und die Vielfalt des Lebens gefährden, stehlen wir von der endlosen Zukunft, um der flüchtigen Gegenwart zu dienen.

Wir mögen diese Zusammenhänge leugnen, ändern können wir sie nicht.

Dies glauben wir

Wir Menschen sind so zahlreich und unsere Werkzeuge so mächtig geworden, daß wir Mitgeschöpfe ausgerottet, große Flüsse gestaut, uralte Wälder niedergerissen, die Erde, den Regen und den Wind vergiftet und Löcher in den Himmel gerissen haben.

Unsere Wissenschaft hat uns sowohl Schmerz wie auch Freude gebracht; unser Luxus wurde mit dem Leid von Millionen erkauft.

Wir lernen aus unseren Fehlern:

Wir trauern um unsere verlorene Mitwelt und begründen jetzt eine neue Politik der Hoffnung.

Wir respektieren und bewahren das Bedürfnis nach reiner Luft, sauberem Wasser und unvergiftetem Boden.

Wir betrachten ökonomisches Handeln, das nur wenigen nutzt, gleichzeitig aber das Naturerbe vieler vermindert, als falsch.

Und da die Verwüstungen der Umwelt biologisches Kapital unwiderruflich zerstören, müssen alle ökologischen und sozialen Kosten in die Berechnung jedes Entwicklungsplanes einfließen.

Wir sind nur eine flüchtige Generation im langen Lauf der Zeit; es steht uns nicht zu, die Zukunft auszuradieren.

Da, wo unser Wissen begrenzt ist, werden wir an unsere Nachkommen denken und lieber auf Vorsicht bauen.

Dies beschließen wir

All das, was wir wissen und glauben, muß nun die Grundlage unserer Lebensweise werden.

An diesem Wendepunkt unserer Beziehung zur Erde arbeiten wir für eine Umorientierung: von Herrschaft zu Partnerschaft, von der Zersplitterung zur Verbindung, von Unsicherheit und Ungewißheit zur gegenseitigen Unterstützung und Abhängigkeit.«[63]

Die zu Wort gekommenen Fürsprecher der verschiedenen Religionen und Weltanschauungen sind zum größten Teil ältere Menschen, die durch ihren Reichtum an Lebenserfahrungen eine von Weisheit gefärbte Weitsicht ausstrahlen. Altsein ist etwas, was in der sogenannten *zivilisierten Welt* nur selten Anerkennung findet. In anderen Kulturen wird der Umgang mit dem Altsein ganz anders gehandhabt. Dort wird den älteren Menschen Respekt und Achtung entgegengebracht. Bei den Lakota erlebte ich, daß es als selbstverständlich angesehen wird, daß, wenn ein älterer Mensch den Raum betritt, ein Jüngerer sofort aufsteht und dem Älteren seinen Platz anbietet. Die alten Menschen werden bei den Lakota gebraucht. Sie werden bei bestimmten Fragen und Problemen um Rat gefragt. Hohes Alter bedeutet bei vielen Völkern der Ureinwohner der Erde eine Ehre. Ein hohes Alter spricht auch für ein hohes Maß an Weisheit. Daß ältere Menschen in den Industrienationen oft nicht geachtet werden, ist ein weiteres Indiz dafür, daß wir uns von dem natürlichen Kreislauf des Lebens entfernt haben.

Die Beiträge der zu Wort gekommenen Menschen spiegeln auch die Weisheit der Natur wider. Es sind Vertreter von Kulturen, die es schon seit vielen Generationen auf diesem Planeten gibt, die sich im Zuge des Fortschritts aber auch immer mehr verändern. Solange es sie noch gibt, sollte man ihnen zuhören. Ihre erfahrenen Worte sind für die Existenz des Lebens auf der Erde von großer Wichtigkeit. Wir benötigen die alten, weisen Menschen, da sie in der Lage sind, die Seele der Erde zu verstehen.

Erd-Heilungs-Rituale

Auf die Frage, wie der Planet Erde wieder auf den Weg der Gesundheit geleitet werden kann, liefern uns die Urvölker der Erde Antworten, allein schon dadurch, daß sie über viele Generationen hinweg Rituale praktizieren, die ihren Respekt und ihre Achtung vor der Natur ausdrücken.

Der Adlertanz der Cherokee

Die Nation der Cherokee lebt in einem Reservat in den Smoky Mountains, unweit der kanadischen Grenze. Die Cherokee halten es nicht für richtig, sich die Natur untertan zu machen. Ziel ihres Stammeslebens ist, mit sich selbst wie auch mit der Natur im Gleichgewicht zu sein. Zu den Leitmotiven, die das Weltbild der Cherokee prägen, zählen unter anderem, daß alles, was läuft, kriecht oder fliegt, in Beziehung zu sämtlichen Daseinsformen der Erde steht. Berge, Ströme und Täler haben eine Beziehung zu den Gedanken und Handlungen eines jeden einzelnen Menschen. Eines ihrer neun Gebote heißt: »Respektiere sämtliches Leben. Entferne die Ignoranz aus Deinem Herzen«. Aus diesem Bewußtsein heraus praktizieren die Cherokee den *Adlertanz*.

Der Adlertanz gehört zu den Tänzen, bei denen traditionelle Cherokee die Verbindung mit der Natur suchen. Dieser Tanz wird schon seit vielen Generationen als Heilritual praktiziert. Früher durften ausschließlich Stammesmitglieder die heilige Zeremonie des Adlertanzes ausüben. Diese Begrenzung hat sich gelockert, so daß auch *Weiße* an diesem Tanz teilnehmen können. Daß Nicht-Indianer dem uralten Zeremonientanz beiwohnen, ja sogar teilnehmen dürfen, ist für den Stamm der Cherokee als außergewöhnlich zu betrachten. Noch bis vor kurzem hielten es die Clanführer für unangebracht, Außenstehende in die Stammesriten einzuführen. Das Öffnen für die

Außenwelt läßt sich damit erklären, daß die Cherokee den desolaten Zustand der Erde wahrnehmen und sich durch ein Öffnen gegenüber Nicht-Indianern eine Wende hinsichtlich des Schutzes der Natur erhoffen. Die Cherokee sehen in der Weitergabe ihres geheiligten Wissens eine letzte Möglichkeit, die Menschen zur Besinnung zu bringen.

Zu Beginn des Adlertanzes wird ein Gebet in Form eines Liedes angestimmt. In dem gesungenen Gebet kommt der Dank für den Schöpfer zum Ausdruck: Dank für den heutigen Tag, für die Schätze der Erde, für das Sonnenlicht wie auch für alle Geschöpfe. Nachdem die Gebete gesprochen wurden, findet der Tanz der Teilnehmer statt. Das Heilritual der Cherokee endet dann mit einer persönlichen Opfergabe. Jeder Teilnehmer schreitet zum Feuer und streut mit einer stummen Botschaft etwas Maismehl, Tabak oder Bohnen in das Feuer. Dies ist ein gemeinschaftliches Ritual für Mutter Erde.[64]

Eine ähnliche Öffnung wie bei den Cherokee gegenüber den Weißen erlebte ich bei meinem Besuch der Lakota. Auf ihren heiligen Berg, den sich am Rande der *Black Hills* befindenden *Bear Butte,* schickte ein Medizinmann *Weiße* zur Visionsreise. Die Visionsreise ist ein heiliges Ritual, das meist auf einem Berg stattfindet. Man verharrt dort auf einem zugewiesenen Platz vier Tage und Nächte ohne Essen und Trinken. In dieser Zeit wird gebetet, um mit dem Schöpfer in Verbindung zu treten, in der Hoffnung, daß man dabei eine Vision empfängt.

Ich selbst durfte an der abschließenden Schwitzhüttenzeremonie in den frühen Morgenstunden auf dem Zeremonienplatz, am Fuße des *Bear Butte*, teilnehmen. Es ist keine Selbstverständlichkeit, daß für Nicht-Indianer eine Visionssuche von einem Lakota geführt und daß ich als *Weißer* an der abschließenden Schwitzhütte teilnehmen durfte. Dies zeigt, daß sich auch ein Teil der traditionellen Lakota öffnen und uns Einblick in ihre Zeremonien gewähren.

Das Wasser-Ritual in der Wüste

Im Sommer 1992 wurde von Ureinwohnern Nordamerikas in der Wüste Arizonas eine Heilzeremonie abgehalten. Sie beteten vier Tage und Nächte lang für die Meere und deren Lebewesen. Warum die Zeremonie gerade in der Wüste und nicht am Rande des Meeres abgehalten wurde, hat keinen rituellen Hintergrund, sondern mit der Ignoranz der Weißen zu tun. Die *Natives* versuchten vier Jahre lang vergeblich, einen Zeremonienplatz direkt am Meer zu finden. Doch weder an der West- noch an der Ostküste erklärte sich eine Kommune bereit, das Heilungs-Ritual zuzulassen. Die Ureinwohner machten aus der Not eine Tugend. Sie transportierten Meereswasser von der West- und der Ostküste in die Wüste von Arizona, häuften Tausende von Muscheln und Seeigelschalen aufeinander, taten Walknochen und Delphinhäute hinzu und hielten die Heilzeremonie unter hohen Temperaturen in der Wüste ab. Das gesegnete Wasser wurde im Anschluß der Zeremonie wieder zu seinem Ursprungsplatz zurückgebracht, als Anregung für einen sehr langwierigen Heilungsprozeß.[65]

Zeremonien der Hopi

Das Volk der Hopi legt Wert darauf, innerhalb der Jahreszeiten bestimmte Zeremonien abzuhalten. Davon erzählt ein im Herbst 1982 verfaßtes Schreiben des spirituellen Führers der traditionellen Hopi-Gemeinde in Hotevilla – David Monongye – das anläßlich der Begegnung zwischen Carolyn Tawangyawma, der Botschafterin der traditionellen Hopi aus Hotevilla, und dem tibetischen Oberhaupt, dem Dalai Lama, am 9. Oktober 1982 in Frankfurt am Main verlesen wurde:

»… Jede Zeremonie gehört zu einem jährlichen Kreis, entsprechend den Jahreszeiten. All jene Aktivitäten, wie Gesänge und Tänze, die in diesen Kreislauf eingebettet sind, helfen, die Erde im Gleichgewicht zu halten, besonders die erforderlichen Wetterbedingungen für jede Jahreszeit.«[66]

Die Hopi gelten als Volk des Maisanbaus. Der Mais wird von den traditionellen Hopi mit einer Behutsamkeit gepflanzt, als wäre er ein Kind. Wenn die Maistriebe anfangen, aus dem Boden zu sprießen, gehen die Hopi auf die Felder und sprechen mit ihnen. Sie berühren die Pflanzen dabei so, wie man Kinder liebevoll streichelt.

In bestimmten alten Maissorten ist, so sagen die Hopi, eine Lebenskraft enthalten, die *Navoti* genannt wird. Diese Kraft wird von den in Arizona lebenden Ureinwohnern regelmäßig durch Gebete und heilige Lieder aufrechterhalten. Die uralten Gesänge und Gebete stärken die Lebenskraft der Maispflanzen in einem Maße, daß diese auch in größter Dürre prächtig gedeihen, so als hätte es einen Tag zuvor geregnet.

Die pflanzenliebenden Hopi halten auch Tiere und schlachten einige davon zur Nahrungssicherung. Dafür muß allerdings eine Zeremonie durchgeführt werden. Als Gegengabe für das Leben der Tiere werden Gebetsfedern, Maismehl und andere Gaben geopfert. Auch wenn Pflanzen als Nahrung oder zu medizinischen Zwecken genutzt werden, führen die Hopi Dankeszeremonien durch. Im Umgang mit den Gaben der Erde wird nichts ohne die Durchführung einer Zeremonie getan, mit der man die Wertschätzung zum Ausdruck bringt. Die traditionellen Hopi gehen davon aus, daß durch Gebete, Meditation, Fasten und die Durchführung von Zeremonien die Erde im Gleichgewicht gehalten wird. Das Praktizieren dieses harmonischen Umgangs mit der Pflanzenwelt sowie das Abhalten bestimmter Rituale reinigt auch die Wunden der Natur.[67]

Rituale der Onondaga

Auch beim Volk der nordamerikanischen Onondaga werden verschiedene Zeremonien praktiziert, um die Kräfte der Natur im Gleichgewicht zu halten. Bei den Onondaga gibt es zum Beispiel im Jahresablauf einige große Zeremonien. Im Winter ist es die *Wintersonnenwende*. Die dazugehörigen Rituale dauern drei Wochen und werden je nach Mondphase im Laufe des Januars abgehalten. Im Frühjahr wird der *Pflanz-Tanz* durchgeführt, der sechs Tage dauert. Darauf folgt der sechstägige Tanz für den jungen Mais. Außerdem gibt es die Zeremonie des *fließenden Safts*. Sie beginnt im Februar. Nach Abschluß dieser Zeremonie wird aus Ahornsirup Konfekt gemacht, welches man in Pfannen hart werden läßt und dann in Würfel schneidet. Im Juni wird die *Erdbeerzeremonie* durchgeführt. Sie dauert einen Tag. Im Juni oder Juli erfolgt der *Bohnentanz* für den Mais, die Bohnen und Kürbisse. All diese Zeremonien machen deutlich, mit welcher Dankbarkeit und mit welchem Respekt die Nation der Onondaga im Einklang mit der Natur lebt.[68]

Die Erd-Heilung in Ladakh

Die Lebensweise der traditionell lebenden Einheimischen Ladakhs (Indien) trägt dazu bei, das Gleichgewicht der Erde in Harmonie zu halten:

Wenn im Frühling die Kraft der Sonne zuläßt zu säen, wird ein Astrologe zu Rate gezogen. Er ermittelt den günstigsten Tag für den Beginn der Arbeit. Derjenige, dessen Sternzeichen vorteilhaft erscheint, wird ausgewählt, die erste Saat auszusäen. Daraufhin werden die Geister von Wasser und Erde, die Würmer des Erdreichs, die Fische der Flüsse und die Seele des Landes, freundlich gestimmt. Diese können leicht verärgert werden, wenn zum Beispiel das Graben eines Spatens, das Brechen von Steinen oder sogar das Geräusch, das die Füße während des Gehens verursachen, die Ruhe der Seele der Landschaft stört. Bevor die Aussaat beginnt, wird zu Ehren der Geister von Wasser und Erde ein Fest veranstaltet. Einen Tag lang singen Mönche Gebete. Es wird an diesem Tag weder Fleisch gegessen noch das heimische Bier *chang* getrunken. Inmitten einer Baumgruppe wird ein kleiner Hügel aus Tonziegeln für die Geister errichtet. Dort wird ihnen Milch geopfert, andere Opfergaben werden dem Fluß übergeben. Der schon vor Wochen auf Eseln herbeigeschaffte Dung wartet am Rand der zu bewirtschafteten Felder. In der Morgendämmerung wird er von Frauen in Furchen ausgebreitet. Bei Sonnenaufgang versammelt sich die ganze Familie. Der Holzpflug wird von zwei Männern getragen. Ein Mönch singt heilige Texte. Nun werden die *dzos* (eine Mischung aus Yak und Rind) dazu angehalten, den Pflug zu ziehen. Hinter ihnen geht der zum Säen ausgewählte Mann und streut seine Saat aus. Er singt dabei traditionelle, heilige Texte.

Auch die Ernte wird von den Ladakhis mit Gebeten und Feiern begleitet. Die Gebete werden nicht nur für das Wohlergehen einer einzelnen Familie ausgesprochen, sondern für jedes beseelte Wesen des Universums.[69]

Leider gehört das eingangs erwähnte einfache Leben der Ladakhis, welches im Einklang mit der Natur ausgerichtet ist, immer mehr der Vergangenheit an. Seit das Land Mitte der 70er Jahre des 20. Jahrhunderts für den Tourismus geöffnet wurde, paßt sich die traditionelle Lebensweise der Ladakhis immer mehr den Gepflogenheiten der zivilisierten Welt an, besonders in der Umgebung der Hauptstadt *Leh*. Es ist nur noch eine Frage der Zeit, bis die traditionelle Lebensform der Einwohner Ladakhs der Vergangenheit angehört. Zu hoffen ist, daß die Menschen dort rechtzeitig erkennen, daß ihre einfache und naturnahe Lebensweise letztendlich von viel höherer Qualität ist als die von der dortigen Jugend angestrebte, konsumorientierte Lebensweise der fortschrittlichen, modernen Welt.

Tibetische Rituale

Bis zum Einmarsch der Chinesen in den 50er Jahren praktizierten auch die Einwohner Tibets einen ehrfürchtigen Umgang mit der Erde. Damals noch führte die tibetische Regierung beispielsweise ein Bodenerhaltungsritual im zweiten Monat des Jahres durch. Diese Zeremonie erstreckte sich über sieben Tage und wurde von Mönchen geleitet. Es wurden dazu Tausende von Vasen aus Lehm angefertigt und unter anderem mit wertvollen Metallen, verschiedenen Arten von Holz sowie mit Getreide, Weihrauch, Wasser, Milch, Stoff und Heilkräutern gefüllt. Diese Vasen wurden verschiedenen Gottheiten geopfert. Eine der Wassergöttin dargebrachte Vase bestand aus Silber, als Symbol für den Silberglanz, der über dem Wasser eines Sees liegt. Nach Beendigung der Rituale wurden die

Vasen zu verschiedenen Bergen und Seen in Tibet transportiert und dort vergraben oder versenkt.

Die Vasenzeremonie wurde von dem Ritual der drei Regenkügelchen begleitet. Die Kügelchen hatten den Zweck, die Reinheit und die Menge des vorhandenen Wassers zu sichern, das Gewässer neu zu beleben sowie den Regen herbeizuholen, welcher nötig ist, um das Leben auf der Erde zu bewahren. Beide Rituale wurden zeitgleich abgehalten.

Die Landwirte Tibets hatten zum Schutz der Umwelt besondere Regeln. In der Wachstumsphase der Pflanzen mußten bestimmte Vorschriften beachtet werden. In dieser Zeit durften auf den Feldern weder Spiele noch Streitigkeiten ausgetragen werden. Aus Respekt vor der Natur mußte auf den Feldern angemessene Kleidung getragen werden. Ebenso war das Abfeuern von Gewehren wie auch lautes Feiern und unnötiges Schreien verboten. Hochzeitsgesellschaften wie Trauerzügen wurde der Gang über die Felder verwehrt, damit die Menschenmenge auf den Feldern keinen Schaden anrichtete.

Der dritte und der vierte Monat des Jahres sind in Tibet sehr regenarme Zeiten. Die tibetische Regierung hatte vor dem Einfall der Chinesen Maßnahmen ergriffen, um genügend Niederschläge sicherzustellen: In diesen Monaten wurden Mönche zu verschiedenen Seen in und um *Lhasa*, der Hauptstadt Tibets, geschickt. Sie rezitierten dort ganz bestimmte Texte, um den Regen herbeizuholen. Darüber hinaus erließ die tibetische Regierung den Erlaß, daß alle öffentlichen und privaten Bauarbeiten untersagt wurden.

Auch von Einsiedlern, die sich auf das Regenmachen spezialisiert hatten, wurden in der Umgebung von *Lhasa* bestimmte Zeremonien durchgeführt. Stellte sich trotzdem der Regen noch nicht ein, ordnete die Regierung eine Massenlesung der Worte Buddhas an. Diese Lesung wurde an den Feldern vorgenommen und dauerte mehrere Tage. Während dieser Zeit durfte kein Fleisch gegessen werden. Nach Abschluß der vollständigen Lesung aller 108 Bände wurden die Schriften von Mönchen in einer Prozession rund um die Felder getragen. Dazu zogen die Menschen im Dorf, die ebenfalls den Zeremonien beiwohnten, die besten Kleider an.

Eine weitere Methode zur Herbeiführung des Regens bestand darin, daß die Bevölkerung von der Regierung angewiesen wurde, zwei bis drei Tage lang auf der Straße mit Wasser zu spielen. Das Wasser wurde dazu über jeden, der die Straße entlang ging, selbst hohe Minister und Mönche, gegossen. Dies geschah, um die Wassergottheit günstig zu stimmen.

Von der tibetischen Regierung wurde früher auch von Zeit zu Zeit ein Ritual zur Reinigung aller Lebewesen und der Umwelt durchgeführt. Dadurch sollte alles Übel, das die Umwelt bedroht, beseitigt werden und die Natur in ihrem ursprünglichen Zustand erhalten werden.

Die Lebensphilosophie des Himalayavolkes beinhaltet, daß die Tibeter, egal ob Mönche, Nonnen, Landwirte oder Nomaden, im Einklang mit der Natur leben. Ihre Ethik verbietet ihnen auch das Töten von Lebewesen. So zogen sich früher zum Beispiel im Sommer Mönche und Nonnen, die ein Fünftel der gesamten tibetischen Bevölkerung ausmachen, für drei Monate in Klausur zurück. Solche Klausuren dienten dazu, das unabsichtliche Zertreten von Kleinsttieren zu verhindern und das Leben der Pflanzen zu schützen. Statt dessen beteten die Nonnen und Mönche für das Wohlergehen aller fühlenden Wesen.[70]

Das Gebet vor dem Schlachten

Auch die Einwohner des benachbarten Ladakhs gehen sehr achtsam mit dem Leben von Tieren um. Sie essen zwar Fleisch von der Ziege, dem Yak und dem Dzo, da sie ohne tierische Produkte in der kargen Landschaft nicht leben könnten, doch sie verzehren keinen Fisch. Die Ladakhis sind der Überzeugung, daß, wenn sie schon ein Tier töten müssen, es ein großes sein solle, welches Nahrung für viele Menschen liefert. Wollten sie sich von Fisch ernähren, so müßten sie viele Lebewesen töten. Daß das Töten bei den Ladakhis nicht leichtgenommen wird, zeigt auch der Brauch, daß vor dem Schlachten des Tieres im Gebet um Verzeihung gebeten wird.[71]

Die Bewohner der Regenwälder sind regelrechte Meister darin, die ihnen zur Verfügung stehenden Ressourcen optimal zu nutzen, ohne dabei ihren *Gönner*, den Wald, zu gefährden. In der Regel sind die Ureinwohner Jäger, Sammler und Farmer zugleich. Die Schwerpunkte ihrer lebensunterhaltsichernden Tätigkeiten sind von der Jahreszeit und den jeweiligen Traditionen, die eine optimale Anpassung an die Bedingungen des Waldes darstellen, abhängig.

Wenn auch die Kulturen und Wirtschaftsweisen der einzelnen Stämme der Naturvölker unterschiedlich sind, gemeinsam ist allen, daß sie sich als ein Teil des Waldes ansehen. Über viele Generationen hinweg haben sie gelernt, sich dem komplizierten Lebenssystem des Urwaldes anzupassen, sich zu integrieren, ohne ihren Lebensraum dabei zu zerstören. Die Ureinwohner nennen sich selbst oft *Menschen des Waldes*. Ihre Bezeichnung für *Welt* ist *Wald*. In den Überlieferungen vieler Naturvölker ist der Urwald Mutter und Vater zugleich. Er gibt ihnen Schutz und Geborgenheit und liefert ihnen alles, was sie zum Leben benötigen. Entsprechend respektvoll behandeln sie den Wald und ihre Mitbewohner, die Bäume, Pflanzen und Tiere.

Beim von den Ureinwohnern betriebenen Brandrodungsfeldbau werden zum Beispiel nur kleine Flächen für den eigenen Bedarf gerodet. Dazwischen werden Bäume stehengelassen. So kann sich die Vegetationsdecke schon wenige Jahre, nachdem die Menschen das Land aufgegeben haben, wieder schließen, sich erholen und zu neuer Pracht heranwachsen. Die mit der Natur lebenden Völker achten stets darauf, den Boden, den sie bearbeiten, nicht überzustrapazieren und ihn nicht auszulaugen. Sie wissen, daß, wenn der Wald stirbt, auch sie dem Untergang geweiht sind.

Nicht nur die Felder, auch die Behausungen der Regenwaldbewohner sind dem Ökosystem des Urwalds angepaßt. Die Wände der Hütten werden aus dünnen Stämmen und Ästen errichtet. Als Dach fungieren Gräser oder Palmblätter, die wie die Urwaldbäume Wärme speichern und Regen ableiten. Die Materialien für den Hüttenbau nehmen die Waldbewohner aus der nächsten Umgebung. Werden die kleinen Siedlungen nach einer gewissen Zeit verlassen, so verrotten die Behausungen aus Holz und Palmenblättern. Der Wald nimmt schnell wieder Besitz von der verlassenen Lichtung.

Nicht nur zum Hüttenbau wird der Wald genutzt. Auch für andere Lebensbereiche benötigen die Bewohner den Wald. Aus zerdrückten Lianen und Baumrinden wird Seife hergestellt. Aus Palmen, Gräsern und anderen Gewächsen werden Taschen, Tragegestelle oder Schmuck in Handarbeit gefertigt. Alles Genutzte kann nach dem Gebrauch bedenkenlos dem Kreislauf der Natur übergeben werden. Es gibt dort keine Kunststoffe, die die Umgebung jahrzehntelang belasten.

Natürlich nutzen die Waldbewohner ihre Heimat auch als Medizinschrank. Es existiert kaum eine ihnen bekannte Krankheit, für die der Wald kein Gegenmittel parat hätte, sei es nun für Schlangenbisse, Haut- oder Darmbeschwerden oder gegen Parasiten im Körper. Nur gegen aus der Zivilisation eingeschleppte Krankheiten, wie Grippe, Masern oder Windpocken, wissen die Medizinmänner der Naturvölker kein Gegenmittel. Da die Waldbewohner aufgrund ihrer bis dato isolierten Lebensweise keine Antikörper gegen die eingeschleppten Krankheiten in sich tragen, können ganze Dorfgemeinschaften aufgrund eines Grippevirus aussterben.[72]

Hier deutet sich schon an, daß die harmonische und ausgewogene Lebensweise im Einklang mit dem Wald nur so lange funktioniert, wie die Waldbewohner nicht in Verbindung mit der Zivilisation geraten. Nicht selten endet der Kontakt mit den *zivilisierten* Menschen in körperlichem, geistigem und kulturellem Verfall der Ureinwohner. Eingeschleppte Errungenschaften der *fortschrittlichen Zivilisation*, wie denaturierte Nahrungsmittel, Alkohol und Zivilisationskrankheiten, haben Anteil daran, daß nicht nur die Bäume, Pflanzen und Tiere der Regenwälder vom Aussterben bedroht sind, sondern auch das Leben der Naturvölker.

Ein positives Beispiel dafür, was es heißt, im ursprünglichen Einklang mit der Natur zu leben, bietet das Volk der Lakandonen:

Die Erd-Bewußtheit der Lakandonen

Das Volk der Lakandonen lebt im mexikanischen Bundesstaat *Chiapas*, nahe der Grenze zu Guatemala. Ihr Lebensraum ist der tropische Regenwald. Dort regnet es an bis zu 300 Tagen im Jahr. Der Wald bietet den Lakandonen alles, was sie zum Leben benötigen. Die Hauptarbeit der Männer besteht in der Jagd und der Landwirtschaft. Die *Milpa,* ein vielseitig genutztes Maismischfeld, bildet die zentrale Quelle der Ernährung der Lakandonen. Der Milpa-Anbau basiert auf dem Brandrodungsanbau und der Wanderfeldwirtschaft. Die Milpa liefert den traditionell lebenden Ureinwohnern ihre Grundnahrungsmittel Mais, Bohnen, Chili wie auch vielerlei andere Regenwald-typische Gemüsearten und Gewürze.

Der Respekt und die Achtung, die die Lakandonen vor dem Wald haben, zeigt sich schon zu Beginn ihrer landwirtschaftlichen Tätigkeit. Bevor ein Stück Land gerodet wird, fragen die Ureinwohner die Götter nach dem richtigen Platz für die Rodung. Dabei wird den Göttern Weihrauch dargeboten, damit sie das Land freigeben. Bei der Rodung wird darauf geachtet, daß bestimmte Bäume stehengelassen werden. So gehört zum Beispiel der Kapokbaum zu den heiligen und damit geschützten Bäumen der Waldmenschen. Sie nennen ihn *ya'che',* was übersetzt soviel wie *erster Baum* heißt. Dieser Baum transportiert die Seelen der Opferspeisen, die den Göttern vor dem Essen gereicht werden, gen Himmel. Ebenso wie der *ya'che'* darf auch der Mahagonibaum, der auf Lakandon *puna* heißt, nicht gefällt werden. Wer den als heilig angesehenen Mahagonibaum fällt, begeht aus Sicht der Ureinwohner einen schweren Fehler. Dieser Baum darf nur geschlagen werden, um aus dem Stamm einen Einbaum für die Gemeinschaft herzustellen oder um aus dem Holz Ritualgegenstände anzufertigen. Auch die Zeder, die auf Lakandon *k'uhche* heißt, was soviel wie *Götterbaum* bedeutet, wird als heiliger Baum angesehen und darf nicht abgeholzt werden. Sein insektizid wirkendes Holz dient zur Herstellung von krankheitsabwehrenden Götterfiguren oder auch von Ritualgegenständen. Dies sind nur einige Tabus, die während der Rodung berücksichtigt werden. Daher bleiben auf dem gerodeten Stück immer einige Bäume stehen, was zur Folge hat, das das Stück Land nie ganz der Erosion preisgegeben wird, da die Wurzeln der verbliebenen Bäume davor schützen, daß Regen den Boden wegschwemmt.

Nachdem das von den Göttern gesegnete Waldstück gerodet wurde, beginnt mit einer dreitägigen Abkühlpause für den Boden die Aussaat. Diese wird, wie viele Tätigkeiten der Lakandonen, mit bestimmten Ritualen ausgeführt. Damit die Aussaat leichter von der Hand geht und der Boden nicht von Wildpflanzen überwuchert wird, stellen sich die Waldmenschen geistig ein Zauberlied vor. Mit diesem werden Hilfsgeister in Gestalt von Vögeln aus der nicht sichtbaren Welt zur Hilfe herbeigerufen, die den Lakandonen beim Anbau zur Seite stehen.

In der Philosophie der Lakandonen sind neben den Tieren, Pflanzen und Menschen auch die Götter in das Ökologiesystem eingebunden. Daher wird auch bei der Ernte die Zusammenarbeit mit den Göttern berücksichtigt. Einige Kolben des reifen Mais werden ihnen als Opfer dargeboten. Das heißt, genau genommen wird die Seele des Maises den Göttern gereicht. Dazu wird begleitend Weihrauch abgebrannt. Unter Dankgebeten werden den Göttern einige Maiskörner geopfert. Es heißt bei den Lakandonen, daß, wenn die Götter vernachlässigt werden, auch der getrocknete Mais durch äußere Widrigkeiten wie Unwetter und Stürme vernichtet wird.

Nachdem den Göttern einige Maiskolben gereicht wurden, beginnt die Ernte für die Waldbewohner. Die ganze Familie faßt dabei mit an. Die eingebrachte Nahrung muß nun bis zum nächsten Jahr reichen. Nachdem die Ernte des Maises und der anderen Feldfrüchte vollzogen ist und die Maisstauden ausgerissen und verbrannt sind, wird auf das nun brachliegende Feld Tabak gepflanzt. Der Tabak, der von den Ureinwohnern als *Pflanze der Götter* angesehen wird, ist ein Geschenk ihres Schöpfergottes *Hachäkyum.* Die vom Tabak ausgehenden Kräfte werden von vielen indigenen Völkern als heilig angesehen. Er gilt als traditionelles Zeichen der Freundschaft und Verbundenheit. Die Tabakpflanze wächst sehr üppig und bildet innerhalb von kürzester Zeit ein undurchdringliches Dickicht auf dem ehemals gerodeten Boden.

Das mit Tabak bebaute Feld wird dann entweder im Frühjahr wieder gerodet, um ein Maismischfeld anzubauen, oder man läßt das Stück Land drei bis vier Jahre zuwachsen. Dann wird entschieden, ob das Gebiet wieder gerodet wird, damit das Feld neu bestellt oder dem natürlichen Wachstum und der Erholung des Waldes überlassen wird.

Rund 20 Jahre dauert es, bis der Wald wieder seine ursprüngliche Form angenommen hat. Diese Landwirtschaftsform der Abrodung trägt interessanterweise nicht zur Zerstörung des Waldes bei, wie es bei den weltweit geführten Brandrodungen für industrielle Zwecke der Fall ist. Im Gegenteil, der Wald erholt sich bei dieser Anbauart und wird auch erhalten. Der Artenreichtum an Vögeln und Insekten erhöht sich sogar. Es sind einige Vogelarten bekannt, die nicht im Wald, aber auf der Milpa leben können. Aufgrund der relativ nährstoffarmen Böden – die meisten Nährstoffe sammeln sich in den Bäumen und Pflanzen – liefert ein bearbeitetes Feld lediglich drei bis fünf Jahre gute Erträge. Damit die Böden aus der Umgebung des Dorfes nicht vollständig ausgelaugt werden und damit die Selbstregulation des Waldes nicht gestört wird, zog eine Dorfgemeinschaft früher alle acht bis zwölf Jahre weiter. Dabei bewegte sich die Gemeinschaft in einem großen Kreis durch den Wald. Dies hatte zur Folge, daß man 80 bis 100 Jahre später wieder am Ausgangspunkt der Reise anlangte. Diese Art der Wanderung ist heutzutage nicht mehr möglich, da der Regenwald mittlerweile in seiner natürlichen Form zu zerstört ist.

Den Lakandonen steht nicht mehr genügend Lebensraum zur Verfügung, damit sie dem großen, waldgerechten Milpazyklus folgen können. Dadurch, daß dieser Zyklus unterbrochen ist, steht ihre traditionelle Lebensweise und die damit verbundene ausgewogene Ernährung, die über viele Generationen hinweg die erforderlichen lebensnotwendigen Nährstoffe barg, auf dem Spiel.[73]

Obwohl die traditionelle Lebensweise der Lakandonen durch Einwirken der *zivilisierten* Menschen gestört ist, ist es noch nicht zu spät, uns für das alte Wissen der Ur-Einwohner zu öffnen und von ihnen zu lernen, wie es möglich ist, den Wald zu nutzen, ohne ihn zu zerstören.

Heilige Plätze der Naturvölker

Ähnlich wie die Lakandonen sehen viele andere indigene Völker der Erde bestimmte Bäume als heilig an und schützen diese entsprechend. Die *Gorowa* in Tansania erkennen ebenso wie das Volk der *Gabra* aus Kenia alte Waldgebiete als heilige Stätten an und nutzen sie als Orte für Initiationsriten. Die Waldflächen dienen auch als Treffpunkte für Männer und Frauen sowie als Friedhof. Bei den thailändischen *Karen* wird von den Stammesältesten genau darauf geachtet, daß der Gebrauch bewaldeter Wasserscheiden auch gemeinschaftlich genutzt wird.

Auch die Nutzung der Bodenflächen wird von indigenen Völkern im Einklang mit der Natur gehandhabt:

Die *Sukuma*, ein im Süden des Viktoriasees lebendes Volk, wechseln ihre Weideflächen alle 30 bis 50 Jahre. Das Volk der *Zaghawa*, die in Niger leben, treibt zur Regenzeit Schafe und Kamele zu den Weiden in der Sahara im Norden auf parallel liegenden, getrennten Wegen. So finden sie auf dem Rückweg unbeweidete Grasflächen vor. Die *Fulani* planen am Anfang der Trockenzeit die geordnete Rückkehr ihrer großen Viehherden zum Nigerdelta. Damit verhindern sie eine Überweidung.[74]

Die Erd-Mythologie der Aborigines

Für die Aborigines spielt das Praktizieren von Ritualen eine wichtige Rolle in ihrem Leben. Es heißt, daß sie ohne ihre Zeremonien, ihre rituellen Tänze und Lieder ihrer Fähigkeit zu leben beraubt wären. Sie tragen das Wissen in sich, daß, wenn ihre Rituale nicht praktiziert werden, die Kraft der Natur geschwächt wird, und zwar in einem Maße, daß sich die Umwelt kaum mehr selbst regenerieren kann. Die Aborigines gehen davon aus, daß der Zustand der Natur von der Durchführung ihrer Zeremonien abhängig ist. Werden Rituale in bestimmten Regionen nicht mehr vollzogen, so werden Tiere daraus verschwinden. Die Mythologie der Ureinwohner Australiens sagt, daß die praktizierten Riten eine Verbindung zwischen Mensch und Natur herstellen. Die einzige Möglichkeit, durch die der Mensch mit der Natur zu kommunizieren vermag, besteht darin, sich auf die gleiche Ebene mit der Natur zu stellen. Sobald ein praktizierender Aborigine von der Atmosphäre einer Zeremonie umhüllt wird, fühlt er sich in Übereinstimmung mit der Natur.

Die Ritualplätze der Aborigines gelten als heiliges Land, nicht zuletzt deswegen, weil in ihnen die Kräfte der Urahnen verborgen sind. Darum ist es für sie wichtig, den Boden, auf dem sie leben und auf dem sie ihre heiligen Zeremonien praktizieren, respektvoll zu behandeln und zu bewahren.

Nach den Überlieferungen der Ureinwohner Australiens entstammen alle Pflanzen und Tiere wie auch sämtliche Ahnen der Mutter Erde. In früheren Zeiten, so sagt die Mythologie, lebte jeder Urahn feinstofflich verbunden mit einem ganz bestimmten Tier oder einer Pflanze. Die Urahnen nahmen die unterschiedlichsten Formen an, sie traten zum Beispiel als Känguruh, Schlange, Emu oder als Pflanzen auf, aber auch als Gewässer, Gebirge oder als ganzer Landschaftszug und sie belebten diese. Dadurch ist jeder Teil der Schöpfung mit der Energie der Urahnen erfüllt.

Die Ureinwohner Australiens gehen davon aus, daß ihr Leben untrennbar mit dem Leben der Pflanzen, Tiere, mit der Natur und damit auch mit ihren Urahnen verbunden ist. Sie erfahren durch das Praktizieren ihrer Rituale ein tiefgehendes Zusammengehörigkeitsgefühl mit ihrer Umgebung und leben dadurch in tiefer Verehrung zur Schöpfung. Durch ihre persönliche, enge Beziehung zur Umwelt, zu den Pflanzen, Tieren, Bergen und Flüssen wurde für die Aborigines das gesamte Gebiet Zentralaustraliens zu einer spirituellen Heimat, mit der sie durch eine tiefe Liebe verbunden sind. Diese Geborgenheit, die ihnen von der Natur und den darin lebenden Geschöpfen vermittelt wird, gibt den Ureinwohnern Australiens die Kraft, den harten Anforderungen der Natur, wie der sengenden Hitze, der Trockenheit und dem Mangel an Nahrungsmitteln, zu trotzen und die ungerechte Behandlung durch die Weißen zu überleben.

Es heißt, daß die Ureinwohner Australiens, solange die Gebirgszüge noch existieren und solange die Pflanzen wachsen und die Tiere leben, keine Angst vor der Zukunft haben. Ihre Religion gibt ihnen den Glauben an ein gemeinsames Schicksal mit der Natur und den darin lebenden Geschöpfen.

Wenn man sich die Mythologie und den Glauben der Aborigines vor Augen führt und erkennt, daß ihr gesundheitliches und auch religiöses Schicksal ganz eng mit dem Intaktsein ihrer Umwelt verbunden ist, so wird deutlich, warum sich die Ureinwohner vehement für das Wohlergehen der Natur einsetzen. Denn durch eine negative Beeinflussung der Flüsse, Berge, Bäume und Tiere wird auch direkt die Kraft ihrer Urahnen geschwächt, deren Energie in diesen Geschöpfen der Natur waltet. Mit diesem Hintergrundwissen wird auch deutlich, warum sich die Aborigines dagegen sträuben, daß aus dem *Fleisch ihrer Urahnen* Uran abgebaut wird. Der Boden Australiens beherbergt das weltweit größte Uranvorkommen (etwa 633 000 Tonnen) der Erde. Derzeit werden jährlich 5500 Tonnen Uran in Australien gefördert und an Atomkraftwerke in elf Ländern geliefert (darunter auch Deutschland). Aus Sorge um ihre Gesundheit (radioaktive Belastung von Boden, Gewässer und Luft), aber auch um ihre kulturelle Identität und ihre heiligen Stätten, versuchen die Aborigines, ihr Land vor der Ausbeutung zu schützen.

Welchen Stellenwert das Praktizieren von traditionellen Zeremonien auf heiligem, unberührtem Boden für die Ureinwohner Australiens hat, zeigt das folgende Beispiel, in dem Jugendliche durch ein Initiations-Ritual an das Erwachsensein herangeführt werden.

Das Initiations-Ritual der Aborigines

Bei dieser Zeremonie wird ein auf die Erde gemaltes Bild verwendet. In ihm wird der schöpferische Ahne durch einen

Kreis roter und weißer Ringe dargestellt. Die roten Ringe werden aus einer Mischung von Erde und Blut geformt, welches den initiierten Männern entnommen wird. Die weißen Ringe bestehen ebenfalls aus dieser Mischung, es werden aber darüber hinaus Tausende von weißen Vogelfedern auf ihrer Oberfläche angebracht. Der Kreis wird an einem heiligen, abgelegenen Ort auf der Erde dargestellt, und zwar genau auf der Stelle, wo der Urahne aus der Erde in die Traumzeit gekommen sein soll. Auf dem Boden liegend, drücken die jungen männlichen Initianten Brust und Ohren gegen die Erde. Der in ihrer Mitte sitzende Stammesälteste hält einen schweren, langen Holzstab in der Hand, der ebenfalls mit weißen und roten Ringen versehen ist und oben eine Krone aus weißen Federn hat. Der *Numbakul* genannte Stab, der übersetzt *Ewiges Benennen* bedeutet, stellt mit dem Wechsel der roten und weißen Farbe das Dualitätsprinzip dar, welches sich am markantesten in den beiden Geschlechtern zeigt. Mit dem Stab trommelt der Älteste mit gleichbleibendem Rhythmus auf die Erde. Daraufhin werden den Initianten heilige Texte vorgesungen. Beim Untergang der Sonne endet der Gesang. Der Stammesälteste schlägt weiterhin die ganze Nacht hindurch den Stab auf die Erde. Schweigend und regungslos liegen die Initianten nackt auf dem Boden und nehmen den aus der Erde pochenden Traum des schöpferischen Urahnen auf. Beim Nahen der Dämmerung beginnen bereits initiierte Männer, die die ganze Zeit still im Busch verharrt haben, einen Gesang, der aus dem herzschlagähnlichen Klopfen des Stabes aus der Erde zu kommen scheint. Die Lieder, die sie singen, erzählen von den Geheimnissen des Lebens. Sie sprechen von der Entstehung der Schöpfung und von dem Reich der Ahnen. So werden die jungen Aborigines auf den Weg zum Mannsein geführt.

Die weiblichen Aborigines praktizieren ähnlich machtvolle Rituale, durch die sie sich in einen geistigen Zustand versetzen, der sie mit der magnetischen Erdvibration mitschwingen läßt. Sie öffnen sich damit der befruchtenden Kraft der Erde.[75]

Die Aborigines sind im Besitz einer heiligen Wissenschaft, die die Energien der Erde und ihrer Lebewesen mit der Kraft des Kosmos zu verbinden sucht. Diese Wissenschaft läßt die Ureinwohner Australiens mit dem Gedächtnis und dem Geist der Erde in Verbindung treten. Der Instinkt und die Intuition der Aborigines basieren auf der Fähigkeit, die feinstofflichen Energien der Natur wahrzunehmen und daran teilzuhaben.

Dies ist ein Wissen, über das wir Menschen aus der *denaturierten Welt* nur sehr begrenzt verfügen. Wir können von der Lebensweise der Aborigines lernen, um wieder in Kontakt mit Mutter Erde zu kommen.

Dadurch, daß die *zivilisierte* Welt die heiligen Plätze der Aborigines zerstört, zum Beispiel durch den Abbau von Uran, wird das Energiesystem der Erde aus dem Gleichgewicht gebracht. Auch die Ureinwohner Amerikas (die Lakota, die Hopi u.a.) tragen das gleiche Wissen in sich. Stören wir die Kraftplätze der Erde, so werden nicht nur die nahegelegenen Landschaften in Mitleidenschaft gezogen, sondern das gesamte Energiesystem der Erde wird ins Ungleichgewicht gebracht. Dies gilt auch für das Abreißen der Klöster in Tibet durch die Chinesen.

Bisher haben die Rituale der Urvölker diese Störungen bis zu einem gewissen Maß aufgefangen. Grund genug, den fortlaufenden Raubbau an der Natur zu beenden und den Naturvölkern die Möglichkeit zu geben, weiterhin ihre Jahrtausende alten Zeremonien zu praktizieren. Es gilt, die feinstoffliche Kommunikation anzuerkennen, die die Urvölker mit der Erde führen und aus der sie ihr Wissen um das Geschehen des Lebens ziehen.

Die Geomantie

Die Beschäftigung mit den Ritualen anderer Kulturen kann uns helfen, unsere eigenen Wurzeln wiederzuentdecken und Zeremonien in unser Leben zu integrieren, die aus unserem eigenen Kulturkreis stammen. Eine Philosophie, die aus unseren Breitengraden stammend eine Fülle von erdheilenden Ritualen beinhaltet, ist die *Geomantie.*

Der Begriff Geomantie stammt aus dem Griechischen. Er läßt sich ungefähr übersetzen mit: *Wissenschaft des Er-*

spürens der Erdkräfte. Die Geomantie betrachtet Landschaften auf ganzheitliche Weise und geht entsprechend mit der Umwelt um. Sie bezieht den Einfluß der Natur auf den Menschen wie auch die Wirkung des Menschen auf die Umwelt mit ein. Die Geomantie basiert auf kosmischen und irdischen Ordnungsprinzipien und beschäftigt sich unter anderem mit den für das menschliche Auge oft nicht sichtbaren Aspekten der Umwelt: Erdstrahlen und Wasseradern.

Seit Jahrtausenden ist bekannt, daß es verschiedene Strahlungen gibt, die entweder entspannend oder aktivierend auf den menschlichen Organismus wirken. In diesem Zusammenhang wird von geopathischen Einflüssen der Erde durch unterschiedliche Wasserläufe und Erdverwerfungen gesprochen. Früher durften Häuser nur auf ungestörtem Grund erbaut werden. Kirchen sind oft auf Kreuzungen von Kraftlinien in der Erde gebaut. Diese besonderen Kraftzonen machen teils besonders empfindsam, wie zum Beispiel bei Wallfahrtsorten und Altarplätzen, teils wortgewaltig und aktiv, wie bei Kanzelplätzen. Wenn jedoch Bett oder Arbeitsplatz über solchen Kreuzungen und Störfeldern stehen, kommt es zu einer extremen Dauerbelastung des Organismus, da sich der Mensch lange Zeit auf diesen Plätzen aufhält. Das längere Verweilen auf diesen Störfeldern kann Symptome wie Kopfschmerzen, Schlafstörungen, innere Unruhe, chronische Müdigkeit sowie eine Schwächung des Immunsystems auslösen.

Man geht in der Geomantie davon aus, daß einzelne Bestandteile einer Landschaft in engem Bezug zueinander stehen, so zum Beispiel der Fluß, der in enger Verbindung zu den umliegenden Bäumen und Felsen steht, ja sogar mit ihnen kommuniziert. Geomanten betrachten die verschiedenen Bestandteile der Umwelt, wie etwa Gewässer, Wald, Boden oder Stadtlandschaften, und versuchen die tieferen Ursachen der Störungen dieser Landschaftsbestandteile zu erkennen und zu beheben. Um an der Gesundheit der Erde zu wirken, sind die Menschen aus geomantischer Sicht aufgefordert, sich in den Kreis der natürlichen Landschaften in harmonischer Weise einzufügen, ohne dabei das Gleichgewicht der Ganzheit zu stören. Wird die Verbindung der Bestandteile einer natürlichen Landschaft unterbrochen, wie es zum Beispiel beim Straßenbau der Fall ist, so kann damit auch das natürliche Gefüge dieser Landschaft gestört werden. Dies hat nicht nur Konsequenzen für den betreffenden Landschaftsteil, sondern für sämtliche Lebewesen in diesem Bereich.

In früheren Zeiten spielte die Beziehung der Häuser zueinander eine wichtige Rolle. Ebenso die Beziehung der Häuser zu den Bewohnern. Es wurde darauf geachtet, daß die Hütten einen Kreis bilden und alle Eingänge in die Mitte zeigen. All dies wurde beim Bau von Behausungen in das natürliche Gefüge von Landschaften mit einbezogen. Später dann, als die Menschen komplexere Gebäude oder Siedlungsformen erschufen, wurde darauf Wert gelegt, daß sich die Häuser oder ganze Dörfer an die natürlichen landschaftlichen Gegebenheiten anpaßten. Bei der Errichtung von Siedlungen wurde unter anderem mit einbezogen, aus welcher Richtung der Wind weht, welchen Lauf die Sonne nimmt, welche Bahnen die Sterne ziehen, wie der Stand des Mondes ist, welchen Weg das Wasser nimmt, welche Kraftlinien den Boden durchziehen.

Auch in China, wo die Geomantie als *Feng Shui* bezeichnet wird, wurde in alten Zeiten vor der Grundsteinlegung eines Hauses der Geomant gerufen. Dieser ermittelte mit Hilfe einer Wünschelrute oder eines geomantischen Kompasses die Schwingungsqualität des Ortes und damit auch seine Eignung für menschliche Bedürfnisse. Solche oder ähnliche Praktiken sind in Europa, falls sie nicht schon vorher kirchlichen Verboten zum Opfer fielen, bis ins 18. Jahrhundert hinein üblich gewesen. Die Geomantie verlor dann gegenüber dem Rationalismus ihre Daseinsberechtigung. Die Verbreitung der verstandesgemäß orientierten Wissenschaften führte dazu, daß das Wissen um die Geomantie so gut wie verlorenging.

Heutzutage werden landschaftliche Veränderungen meist nur nach Gesichtspunkten der Zweckmäßigkeit, Wirtschaftlichkeit und einer wechselnden architektonischen Mode vorgenommen. Die Bewahrung des harmonischen Ganzen der Landschaften erfährt dabei keine Berücksichtigung mehr.

Seit Beginn der 70er Jahre des 20. Jahrhunderts erlebt die Geomantie eine gewisse Renaissance und das, was von dem alten Wissen über die Geomantie noch übriggeblieben ist, wird wieder praktiziert.

Die Philosophie der Geomantie besagt, daß jede Landschaft aus Organen besteht, ähnlich wie es beim menschlichen Körper der Fall ist. Diese Organe sind im kleinen erkennbar, wie es zum Beispiel innerhalb eines Gartens der Baum, die Blumen oder der Rasen sind, welche ein gemeinsames Ganzes bilden. Aber auch im großen, wie zum Beispiel in einem Landschaftszug, bilden die *Organe* in Form von Flüssen, Wiesen oder Gebirgszügen ein sich ergänzendes Ganzes. Sind diese *Organe* gestört, verläuft zum Beispiel ein Tunnel durch einen Berg, so ist auch die Gesundheit der gesamten Landschaft sowie aller darin lebenden Wesen in Mitleidenschaft gezogen.

Die Geomantie hat das Ziel, das menschliche Einwirken auf die natürliche Landschaft in harmonischer Weise zu vollziehen. Das heißt, die Organe der Landschaft nicht zu beschädigen, sondern vielmehr im Einklang mit ihnen zu leben, darüber hinaus aber auch das, was die Menschen der Natur und dem natürlichen landschaftlichen Gefüge angetan haben, wieder ins Gleichgewicht zu bringen. Dadurch werden Landschaften, die aufgrund menschlichen Einwirkens erkrankt sind, in ihrem Gesundungsprozeß gefördert. Die Geomanten gehen davon aus, daß sie durch *Erdheilungsmaßnahmen* auch Einfluß auf die gesellschaftliche Harmonie sowie das Wohlbefinden des einzelnen haben. Denn jeder noch so kleine Eingriff in das bestehende landschaftliche Gefüge, wie zum Beispiel das Fällen eines Baumes, der Bau eines Hauses, die Errichtung eines Staudamms, die Verlegung einer Straße oder die Begradigung eines Flusses, haben aus Sicht der Geomantie nicht nur Auswirkung auf den direkt betroffenen Platz in der Natur, sondern weit darüber hinaus.

Parallelen zu dieser These gibt es auch bei den Ureinwohnern Australiens, die davon ausgehen, daß die Erde von sogenannten *Traumpfaden* durchzogen wird. Werden die Pfade von Menschenhand gestört, indem man beispielsweise eine

Straße darauf baut, so ist damit das energetische System der Landschaft gestört, was Konsequenzen für die Lebewesen dieser Region und das energetische Gleichgewicht der gesamten Erde hat. Ähnlich störend wirken sich übrigens körperliche Narben auf das Energiesystem des Menschen aus, da sie den Energiefluß der Meridiane behindern. Akupunkteure sind in der Lage, diese Blockierungen durch das Setzen von Nadeln an bestimmten Energiepunkten zu lösen.

Die Geomantie lehnt es nicht grundsätzlich ab, eine Landschaft zu verändern. Sie hält es allerdings für wichtig, bei der Veränderung des natürlichen Gefüges darauf zu achten, daß dabei der landschaftliche Organismus nicht geschwächt oder gar zerstört wird. Es wird sogar darauf hingewirkt, daß die Landschaft zu einem vielgestaltigeren und volleren Ausdruck findet.

Zur Entstörung der Landschaft wirken geomantisch orientierte Menschen, wie zum Beispiel der Bildhauer Marko Pogacnik, heilend auf das landschaftliche Gefüge der Natur ein. Er nimmt bei seiner Arbeit eine kommunikative Verbindung zu der betreffenden Landschaft auf und versucht ihre energetische Struktur zu erfahren, um die Grundfunktionen der gestörten Organe der Landschaft wieder in Harmonie zu versetzen.

So wie die Akupunktur durch die Auflösung von Blockaden die Energie in den Meridianen (Energiebahnen) wieder zum Fließen bringt, entstört Pogacnik Blockierungen der Kraftleitbahnen der Erde mit sogenannten *Stein-Stelen*, die man sich als große Steinnadeln vorstellen kann. Diese wirken anregend und ausgleichend auf die Kraftströmung der Erde. Der Bildhauer bringt mit dem Einsetzen der Steinnadeln die gestörte Energie einer Landschaft wieder ins Gleichgewicht. Pogacnik sagt, daß Erd-Heilung nicht allein ein Reparaturwerk an der erkrankten Erde ist, sondern ein Werk, bei dem jeder Mensch zum Künstler werden kann.

Die Energiebahnen der Erde

Die Geomantie bezeichnet die Energiebahnen der Erde als Kraftlinien (im Englischen: *ley lines*). Die kraftgeladenen Strömungslinien der Erde bilden ein schachbrettartiges Gittermuster. An den Punkten, an denen sich *ley lines* überschneiden, befinden sich Kraftplätze. Dort können zum Beispiel heilspendende Quellen entspringen. Je nach Besonderheit und Qualität des Platzes können von diesen Kraftorten für den Menschen positive, aber auch negative Wirkungen ausgehen.

In der neolithischen Kultur (jüngere Steinzeit, 5000 bis 2000 v. Chr.) war wahrscheinlich die Bedeutung dieser Ordnungsmuster bekannt. Die Menschen unterstützten sie durch entsprechende Steinsetzungen, durch Gräben, Ringwalle wie auch durch die Pflege heiliger Haine und Quellen. Viele dieser Kraftorte wurden später vom Christentum in Wallfahrtsorte umgewandelt. Die neolithische Kultur stand noch in einer ganzheitlichen Beziehung zur Natur und Pogacnik knüpft bei seiner Erd-Heilungsarbeit bewußt an diese noch heilige Schicht im Bewußtsein eines Ortes an. Ihm geht es dabei nicht darum, die Zivilisation mit ihren Errungenschaften zu ächten, sondern ihre einseitige, verstandesgemäß orientierte Wahrnehmung der grobstofflichen Wirklichkeit durch eine Sensibilisierung der feinstofflichen, seelisch-geistigen Kräfte zu ergänzen.[76]

Die Elementarwesen auf Island

Island ist das einzige europäische Land, in dem Geomantie auch heutzutage nicht nur von einzelnen Menschen, sondern auch von seiten der Regierung offiziell praktiziert wird.

Die Isländer gehen davon aus, daß Elementarwesen wie Elfen und Zwerge auf bestimmten landschaftlichen Plätzen leben. Diese Naturwesen dürfen nicht gestört werden, da sonst das Intaktsein der Natur in Mitleidenschaft gezogen wird. Konkret heißt das, daß es von seiten der isländischen Regierung nicht erlaubt ist, auf *Wohnstätten* von Elementarwesen Straßen oder Häuser zu bauen.

Im Bauamt von Reykjavík ist eine Elfenbeauftragte angestellt. Diese zeichnet im Auftrag der Stadtverwaltung Landkarten (sogenannte Elfenkarten), auf denen Wohnorte und Häuser von Elfen verzeichnet sind. So kommt es nicht selten vor, daß eine Straße um einen Hügel geleitet wird, der den darauf lebenden Elfen als Wohnstätte dient. Der Vorstand der Gemeinde Grundarfjördur hat sogar an der dortigen Hauptstraße den Elfen für ihre Behausung eine eigene Hausnummer – die 84 – überlassen.

Im Jahr 1995 wurde in Reykjavík die erste und bislang einzige Elfenschule der Welt eröffnet. Hier können sich Einheimische und Touristen über die meist unsichtbaren, in Flüssen und Steinen wohnenden Elementarwesen informieren.

Für die Isländer ist die Integration der Elfen eine Selbstverständlichkeit, gehen sie doch davon aus, daß das einträchtige Zusammenleben mit den Elementarwesen auch zum Schutz ihrer Umwelt beiträgt.[77]

Bräuche und Feste im Rhythmus der Jahreszeiten

Während ich mich der Freundschaft der Jahreszeiten erfreue, bin ich überzeugt, daß das Leben mir nicht zur Last werden kann.
H. D. THOREAU

Eine Möglichkeit, die Erde bewußt zu erleben und heilend auf sie einzuwirken, bietet das Praktizieren von Bräuchen und Festen im Rhythmus der Jahreszeiten. Schon seit vielen Generationen ist es in unserer Kultur üblich, die Jahreszeiten mit bestimmten Zeremonien zu würdigen. Mehr und mehr geraten diese alten Bräuche in Vergessenheit, da sie als nutzlos angesehen werden.

Die jahreszeitlichen Feste ermöglichen uns, den Lauf des Jahres bewußt wahrzunehmen, die Lebendigkeit der Natur zu erfahren und sie als nichts Alltägliches hinzunehmen. Leben wir bewußt im Rhythmus der Jahreszeiten, so kommen wir durch das achtsame Erleben und bewußte Praktizieren der Bräuche der Erde näher. Leider sind im Rahmen des Fortschritts viele Riten in den Industrienationen fast in Vergessenheit geraten. Um positiv auf den Gesundungsprozeß der Erde einzuwirken, ist es wichtig, der Natur näherzukommen, indem man wieder damit anfängt, bewußt im Rhythmus der Jahreszeiten zu leben und entsprechende Bräuche in sein Leben zu integrieren.

Die jahreszeitlichen Zeremonien geben uns die Möglichkeit innezuhalten in unserem alltäglichen Tun. Sie geben uns auch die Gelegenheit, zurückzublicken auf das, was gewesen ist, und für das Kommende Kraft zu tanken. Auch offerieren sie uns die Möglichkeit, die Gegenwart der Natur zu erfahren, zu spüren und sie dadurch bewußter zu erleben. Die jahreszeitlichen Rituale wirken, wenn sie aufrichtig praktiziert werden, nicht nur harmonisierend auf die Ausübenden selbst, sondern auch auf die *Erd-Familie*. Denn feierlich, gemeinschaftlich mit und in der Natur zu sein ist eine Möglichkeit, heilend auf die Erde einzuwirken.

Das Mittsommerfest – Sommersonnenwende

Viele Völker der Erde feiern den längsten Tag und die kürzeste Nacht im Jahr – die Sommersonnenwende. Bei den Balten wird das *Ligofest* gefeiert, bei den Kelten hieß das Sommersonnenwendfest *Litha*. In den Ländern der germanisch geprägten Kulturkreise wird das Fest *Mittsommer-* oder eben *Sommersonnenwendfest* genannt. Im Christentum heißt es *Johannifest*. Zurückzuführen ist diese Namensgebung auf Johannes den Täufer, welcher vom Kommen Jesu berichtete. Die katholische Kirche setzte das Johannifest auf den alten Zeitpunkt der Sommersonnenwende – den 24. Juni. Durch den fehlenden Jahrhundertschalttag in früheren Zeiten verschob sich in 128 Jahren der ursprüngliche Termin des Mittsommers. Deswegen findet zur heutigen Zeit die Sommersonnenwende bereits am 21. Juni statt.

Das Mittsommerfest feiert den Höhepunkt des Lichts der Sonne im Jahreskreislauf. Zugleich geht mit dem Abnehmen des Lichts auch ein Übergang des Wachstums und des Blühens in die Zeit der Reife und des Früchtetragens einher. Das Sonnenritual, so wie es unsere Vorfahren pflegten, begann bereits bei Sonnenaufgang mit der Huldigung der Sonne sowie einer Opfergabe und endete bei Sonnenuntergang mit dem Entfachen des Feuers, um der Sonne Kraft *auf ihrem schweren Weg* zu geben.

Das Sonnenwendfeuer, welches als Sinnbild der Sonne auf ihrem Höhepunkt auf einem Berggipfel am Vorabend des längsten Tages entzündet wird, ist der wichtigste Bestandteil des Mittsommerfestes. Das Feuer hat die Aufgabe, die Luft zu reinigen und negative Schwingungen zu vertreiben. Zu der Zeremonie des Mittsommerfestes gehört, daß das Sonnenwendfeuer umtanzt und paarweise übersprungen wird. Dem Tanz um das Feuer kommt eine besondere Bedeutung zu. Er vereinigt die Gemeinschaft im Kreis um das Feuer und verbindet sie zu einer Einheit. Der Tanz ist Ausdruck des Feierns und der Freude. Der Sprung eines Paares über das Feuer galt früher als ein beidseitiges Hochzeits- bzw. Verlobungsversprechen. Das Springen wurde aber auch für ledige junge Männer als Mutprobe angesehen. Es hieß, daß sie durch den Sprung über die Flammen durch die Feuerkraft von Unreinheiten gereinigt werden. Der Sprung über das Feuer bedeutete aber auch gleichzeitig ein Teilhaftigwerden des Menschen am Wesen der Sonne und eine Läuterung zu einem *sonnenhaften* Menschen.

Dem Feuer werden auch verschiedene Opfergaben als Dank für die Gaben der Natur gereicht: eine Strohpuppe, die am oder mit dem Mittsommerbaum verbrannt wird, sowie das sogenannte *Sunnwendkraut* (Johanniskraut), aus Beifuß und Farnkraut bestehend, und Kränze aus den genannten Kräutern, die ins Feuer geworfen werden.

Begleitend zum Mittsommerfest war es früher Sitte, brennende Räder die Abhänge hinunterzurollen und glühende Holzscheiben durch die Luft zu werfen. Damit wurde der Lauf der Sonne nachgeahmt und gleichzeitig die Sonne im Augenblick ihres höchsten Standes gestärkt.

Am Sonnenwendtag war es weiterhin Brauch, den sogenannten *Mittsommerbaum* aufzustellen und feierlich zu schmücken. Dieser bestand aus einer hölzernen Stange, an deren oberen Teil ein grüner Kranz angebracht wurde. Der Kranz stellte die keltische *Iar-Rune* dar, die wiederum den geteilten Jahreskreis beziehungsweise die Jahreswende symbolisierte. Diese Rune beinhaltete auch den Wunsch nach einem guten Erntejahr. Manchmal wurden auch Kräuterbüschel, die gegen Gewitter, Krankheiten und böse Geister schützen sollten, am Mittsommerbaum angebracht.[78]

Das Mittwinterfest – Wintersonnenwende

Das Fest zur Wintersonnenwende, auch *Julfest* genannt, wird zu Ehren der Wiederkehr der Sonne gefeiert. Es ist ein harmonisches Netzwerk ineinandergreifender Riten und symbolischer Handlungen zur Neuaktivierung menschlicher und natürlicher Kräfte. Die Julzeit ist auch die Zeit der Regeneration.

Das Julfest beginnt mit der längsten Nacht des Jahres, der Wintersonnenwendnacht, und symbolisiert zugleich den Beginn der Julzeit. Die Julzeit steht als Symbol für die Zeit des Rades. Der Kreis des ablaufenden Jahres neigt sich dem Ende zu, der des neuen Jahres beginnt sich zu öffnen.

Da bei den Germanen das Jahr bereits im Dezember endete, liegt zwischen dem Wintersonnenwendfest und dem Neujahrstag die sogenannte *tote* beziehungsweise *stille* Zeit, die auch als die *Unter- oder Rauhnächte* oder als die *Zwölften* bezeichnet werden. Dementsprechend verläuft das Julfest über 11 Tage und 12 Nächte hinweg. Diese Zeit dient als Ausgleich zwischen dem als männlich empfundenen Sonnenjahr, welches 365 Tage hat, und dem weiblichen Mondjahr, welches nur 354 Tage umfaßt. Die Bestimmung des Jahres von Vollmond zu Vollmond setzt sich aus 12 mal 29,5, also 354 Tagen zusammen. Aufgrund ihrer ausgleichenden Wirkung werden die Jultage aus heidnischer Sicht weder dem alten noch dem neuen Jahr zugerechnet. Sie symbolisieren eine Zeit, in der sich der Kosmos in einer Übergangsphase befindet und in der alles stillsteht.

Die 12 Julnächte stehen stellvertretend für die 12 Monate des kommenden Jahres. Es heißt, daß man so, wie man sich in diesen Nächten verhält, auch im entsprechenden Monat des neuen Jahres handeln wird. Daher beschenkt man sich in dieser Zeit, um den Reichtum im kommenden Jahr zu sichern. Die 12 Nächte geben auch darüber Auskunft, wie voraussichtlich das Wetter im Neuen Jahr sein wird.[79]

Zum Mittwinterfest war es auch Brauch, die Häuser mit Zweigen aus Kräuterbündeln, Wacholder, Waldweihrauch und Baumharzen, welche in einer Pfanne oder einem irdenen Topf entfacht wurden, auszuräuchern. Damit rüstete man sich für den Einzug der Götter und der Geister der Verstorbenen. Der Hausvater, gefolgt von den Mitgliedern der Hausgemeinschaft, trug die Rauchpfanne durch sämtliche Räume und sprach dabei: »Glück ins Haus, Unglück hinaus«.[80]

Das Julfeuer

Auch zur Wintersonnenwende wird ein Feuer entfacht. Das Julfeuer, welches auf einem Berg entzündet wird, symbolisiert das Sonnenfeuer. Der Brauch sagt, daß das Feuer durch Drehung eines harten Holzes (zum Beispiel einer Esche) auf einem weichen (zum Beispiel Ulme) entfacht werden sollte. Mit dem Feuer wird, so heißt es, die Sonnenkraft auf die Erde geholt. Nach dem Entfachen des Feuers nimmt sich jeder der Beteiligten eine Fackel oder Kerze, welche am Julfeuer entzündet wurde, und geht mit ihr nach Hause. Im Herd bereit liegt der *Julkloben*. Dieser wird mit dem heiligen Feuer entzündet. Während der Sonnenwendnacht darf er nicht ausgehen, ansonsten wird dies als schlechtes Omen für das neue Jahr gewertet.

Der Julkloben galt in der Vergangenheit als Sinnbild des ewigen Herdfeuers, welches das ganze Jahr hindurch brennt und zugleich das heilige Neufeuer bewahrt, welchem besondere Kräfte innewohnen. Das Feuer des Herdes galt als heilig. Früher wurde das Herdfeuer das ganze Jahr hindurch am Brennen gehalten und nur zu besonderen Anlässen gelöscht, zum Beispiel bei der Gründung eines neuen Hausstandes, beim Tod des Hausherrn oder zur Abwehr vor Seuchen sowie zum Abschluß des Jahres. Zur Feuererneuerung wurde ein großer Wurzelstock einer Eiche – der Julblock – im Zentrum des Herdfeuers die ganze Nacht hindurch am Brennen gehalten und dann an den Rand gerückt. In der Julzeit wurde dann im Zuge der Erneuerung die heilbringende Asche des abgebrannten Wurzelstocks zur Erhaltung der Fruchtbarkeit über die Felder gestreut und dem Vieh ins Futter gemischt.

Das Erntedankfest

Das Erntedankfest, welches im Keltischen nach dem Gott der Jagd *Mabon* benannt wird, wird zur Tagundnachtgleiche, welche meist um den 23. September eintritt, drei Tage lang gefeiert. Ursprünglich ist das Erntedankfest Ausdruck des gemeinschaftlichen Dankens für eine gute Ernte und der Abschluß der Arbeit auf dem Feld.

Der Sinn des Festes lag für unsere Vorfahren darin, den Göttern, insbesondere *Odin* und *Frigg*, für die Ernte zu danken.

Darüber hinaus fand das Erntedankfest zu einem Zeitpunkt statt, an dem das Licht endgültig gegenüber der Dunkelheit zurücktritt. Die Nächte werden länger, die Tage kürzer. Früher, als die Erntearbeit noch nicht durch Maschinen getätigt wurde, war der geglückte Abschluß der Arbeit auf dem Feld sicherlich einer der Höhepunkte des Jahres und wurde entsprechend durch das Erntedankfest gefeiert.

Die letzte Garbe

Ein Teil des Erntedankfestes macht das Dankbarkeitsopfer in Form der *letzten Garbe* aus. Die Eigenart dieses Brauches gibt uns Auskunft über das Verhältnis des heidnisch-germanischen Landwirts zu seinem Boden. Die letzte Garbe galt bei unseren Vorfahren als Zufluchtsort der Kornmutter bzw. der Fruchtbarkeitsgöttin. Die letzte Garbe wurde sorgsam zusammengebunden und mit Blumen verziert auf dem Acker stehengelassen, um die Fruchtbarkeit des Bodens für das nächste Jahr zu sichern. Im Allgäu und in Niederbayern wurde der Getreidebusch mit Speisen wie Brot, Käse und Kuchen versehen. Oft gab man früher der letzten Garbe ein weibliches Aussehen, da in ihr die Kraft der Fruchtbarkeit und des Wachstums erhalten geblieben war. Die Verehrung der letzten Garbe gilt als Verehrung der Fruchtbarkeit.

Der Erntekranz

Im Rahmen des Erntedankfestes wird der Erntekranz aus dem Getreide der letzten Garbe gestaltet und mit heimischen Kräutern und Blumen geschmückt. Er steht als Sinnbild des Jahresrades. Der Erntekranz soll durch seinen natürlichen Schmuck die Dankbarkeit der Menschen für die Gaben der Natur zum Ausdruck bringen.[81]

»Ist die Erde noch zu heilen?«
fragte ein verzweifelter Schüler
in die Runde der Ältesten hinein.
Einer, der in dem Kreis als Erfahrenster galt, antwortete:
»Ja, laßt uns zusammen ein Fest feiern!«

Die Beschreibungen der Naturfeste aus unserem Kulturkreis zeigen, daß es nicht zwingend notwendig ist, seine Dankbarkeit gegenüber der Erde durch das Praktizieren von Bräuchen aus fremden Kulturen auszudrücken. Es ist an der Zeit, sich wieder auf die eigenen Wurzeln zu besinnen, um dadurch die Verbindung zur Erde herzustellen. Für die Gesundung der Erde ist es wichtig, das fortschrittliche Wissen der Industrienationen mit der Weisheit der Urvölker zu verbinden. Dabei darf auch das Wissen unserer Vorfahren integriert werden. Bei der Wiederentdeckung der eigenen Wurzeln können uns Nationen wie die Hopi oder Tibeter hilfreich sein. Auch wenn ihre Rituale auf unsere Kultur nicht gänzlich übertragbar sind, können sie uns dazu inspirieren, den verlorengegangenen Bezug zur Erde wieder neu zu beleben und mit unserem verstandesmäßig orientierten Handeln in Einklang zu bringen.

Sich auf das Wissen seiner Ahnen zu besinnen heißt nicht, sich zurück in die Vergangenheit zu begeben und sich wie unsere Vorfahren vor Hunderten von Jahren zu verhalten. Die neue Zeitepoche, in der wir leben – das *Wassermannzeitalter* –, drückt aus, daß wir gefordert sind, die Erdverbundenheit des Widder-Zeitalters (in dem Kelten und Germanen lebten) mit dem zu Ende gehenden Fische-Zeitalter, welches zum Geistigen hin ausgerichtet ist, zu verbinden. Dazu gilt es, Altes und überflüssig Gewordenes abzulegen und sich für Neues zu öffnen.

Wer hart und starr ist,
stimmt mit dem Sterben überein.
Wer nachgiebig und empfänglich ist,
stimmt mit dem Leben überein.
LAOTSE

Netzwerke

Wo immer auf der Erde Leben waltet, finden sich auch Netzwerke, die ein in sich geschlossenes Gemeinwesen bilden, welches sich aus sich selbst heraus im Gleichgewicht hält. Jedes Netzwerk beinhaltet in sich wiederum viele weitere mikrokosmische Lebenssysteme und ist wiederum Teil eines Makrokosmos, bestehend aus vielerlei weiteren Netzwerken. Beide Kosmen ergänzen sich gegenseitig. Wenn man das Prinzip des Netzwerkes begreift, wird deutlich, daß der Mensch mit seinen Zellen und Organen selbst eine solche Gemeinschaft bildet. Diese Gemeinschaft ist wiederum Teil eines größeren Ganzen – der Familie, welche ein Bestandteil der gesamten Menschheit ist. Die Menschen gehören wiederum zur Erd-Familie, welche einen Teil des Universums ausmacht. All dies sind lebende Netzwerke, die sich gegenseitig bedingen, die zusammen im Gleichgewicht leben müssen, um existieren zu können. Ein lebendes System wie der menschliche Körper, die Menschheit, eine Tier- oder Pflanzenart, eine Wiese, ein Meer oder die Erde selbst kann nicht nur auf seine einzelnen Teile beschränkt betrachtet werden. Alle diese eigenständigen Systeme sind wiederum mit anderen noch größeren oder kleineren Systemen vernetzt.

Ein gutes Beispiel für die Vernetzung von Lebenssystemen bieten die Bäume der tropischen Regenwälder. Sie bilden vollständige Netzwerk-Gemeinschaften aus sich selbst heraus und sind Lebensgrundlage für eine Vielfalt von Mikroorganismen bis hin zu größeren Tieren, die zusammen im Verband ein System bilden, bei dem jedes Geschöpf auf das andere angewiesen ist. Die Regenwälder als autarkes System spielen auch eine wichtige Rolle für die Gesundheit des größeren makrokosmischen Systems – der Erde. Sie sorgen dafür, daß das Klima auf diesem Planeten im Gleichgewicht bleibt. Holzt man diese Bäume ab, so ist es, als ob dem menschlichen Körper Organe entrissen werden. Das Ende eines autarken Systems, wie des Regenwaldes, bringt den Untergang vieler kleinerer Systeme, aber auch der großen Gemeinschaft, namens Erde, mit sich. Wenn auch nur ein Teil des Netzwerkes Erde in Mitleidenschaft gezogen wird, wie es bei der Zerstörung der Regenwälder der Fall ist, so hat dies bedeutende Konsequenzen auf sämtliche anderen Lebenssysteme, egal ob groß oder klein.

Um den Sinn von erdheilendem Handeln zu verstehen, ist es wichtig zu erkennen, daß der Mensch nicht aus einer Anhäufung von zufällig zusammentreffenden Zellen und Organen besteht, sondern daß diese ein gemeinschaftliches Netzwerk bilden. Entsprechend ist es bei gesundheitlichen Störungen notwendig, nicht die betroffenen Organe symptomatisch zu behandeln, sondern auf eine mögliche Disharmonie des Netzwerkes Mensch mit seinen Bestandteilen Körper, Geist und Seele zu achten und diese entsprechend zu beheben. Dies ist eine ursachenbezogene Art, auf Krankheiten einzugehen.

Viele Menschen haben sich von sich selbst entfremdet und nehmen Signale ihres eigenen Netzwerkes nicht mehr wahr. Meldet sich das eigene Netzwerk mit bestimmten Symptomen, so wird meist allein der Teil der Gemeinschaft betrachtet, welcher defekt ist. Ursachenbezogen ist es, den Menschen als Ganzes zu betrachten und die gesamte Gemeinschaft zu behandeln – den Körper, den Geist und die Seele. Befinden sich diese im Gleichgewicht, so werden die einzelnen Mitglieder dieser Gemeinschaft, wie Magen, Darm, Leber usw., ebenfalls gesunden.

Wie sollen Menschen, die noch nicht einmal ihr eigenes Netzwerk wahrnehmen und verstehen, die große Gemeinschaft um sich herum als Netzwerk begreifen? Es ist daher auch kein Wunder, daß in der heutigen Zeit Raubbau an der Natur begangen wird. Die Zerstörung des ökologischen Gleichgewichts auf der Erde steht in engem Zusammenhang mit der menschlichen Selbstentfremdung. Erst wenn man sich selbst als intakte Gemeinschaft erfährt und entsprechend harmonisch mit dem eigenen Lebensverband umgeht, kann auch verstanden werden, daß die gesamte Erde eine große Gemeinschaft bildet.

Wir können unsere persönlichen Bedürfnisse nicht mehr isoliert von den Bedürfnissen unserer Umwelt betrachten und ausleben. Schauen wir uns unsere Lehrmeisterin – die Groß-Gemeinschaft Natur – an, so können wir von deren Mitglied, der Spinne, lernen, was es heißt, *global* zu denken und zu leben. Ihr Netz ist aus einem Faden gewoben, der aus vielen Einzelteilen zu bestehen scheint. Sollte sich ein Teilstück des Fadens einmal aus der Gemeinschaft ausklinken, so ist der Fortbestand des ganzen Netzes und damit auch das Leben der Spinne gefährdet. Doch die Natur hat es so eingerichtet, daß Teilstücke des Netzes nicht auf *dumme Gedanken* kommen und sich aus eigennützigen Gründen aus der Gemeinschaft entfernen.

Die Menschheit macht im übertragenen Sinne nur ein kleines Teilstück des langen Fadens der Weltengemeinschaft aus. Nur wenn wir uns eingliedern und mit den anderen Teilen des Netzes – den Pflanzen, Tieren, Bäumen, Mineralien, der Luft, dem Boden, dem Wasser – gemeinschaftlich in Eintracht leben, kann das Teilstück Menschheit seinem Aufgabenplan gerecht werden und seinen Teil für den Fortbestand des gesamten Netzes liefern. Leider sieht ein großer Teil der Industrienationen nicht, daß ein Ausklinken aus der Gemeinschaft der Erd-Familie auch das eigene Ende mit sich bringt. Es ist an der Zeit, sich von einer egozentrischen Denkweise – nämlich sich als autarken Faden anzusehen – zu verabschieden und anzufangen, das Weltgeschehen um uns herum mit all seinen Fäden global zu betrachten. Tut man dies, würde man sicher nicht auf die Idee kommen, das Netz zu zerstören und sich selbst damit seiner Lebensgrundlage zu berauben.

Sehen wir uns weiter in der Natur um und gehen von dem intakten System des Mikrokosmos *Spinnennetz* einen weiteren Schritt in den Makrokosmos, indem wir eine in sich intakte, wildwachsende Wiese betrachten. Wir entdecken auf ihr vielerlei Lebewesen, wie zum Beispiel Mikroorganismen, Gräser, Blumen, Sträucher und eine Anzahl von Tieren in unterschiedlichen Größen. Diese bilden gemeinsam ohne menschliches Zutun ein sich selbst organisierendes, autarkes Ökosystem – eine familiäre Gemeinschaft. Die einzelnen Mitglieder der *Wiesen-Familie*, wie der Grashalm, die Spinne oder die Brennessel, sind wiederum in sich geschlossene Systeme – Gemeinschaften, die sich nicht zufällig auf der Wiese eingefunden haben, sondern sich gegenseitig ergänzend einen ganz bestimmten Zweck erfüllen: die Artengemeinschaft auf der Wiese im Gleichgewicht zu halten. Alle Geschöpfe, die sich auf der Wiese befinden, sind gegenseitig voneinander abhängig. So leben bestimmte Gruppen in Eintracht miteinander, manche dienen dagegen anderen als Nahrung, die Fliege zum Beispiel der Spinne. Das Töten als solches ist in diesem Fall ein natürliches Ur-Prinzip, das dem Lebenserhalt dient.

Zur Daseinsform des Menschen gehört es (wie bei der Spinne zum Lebenserhalt), *Familienmitgliedern* das Leben zu nehmen. Dies gilt nicht nur für den Verzehr von tierischer Nahrung. Auch die Pflanzen, von denen sich der Mensch ernährt oder die er zur Kleidungsherstellung nutzt, wie auch die aus dem Leib der Erde gewonnenen Rohstoffe sind lebendig und sind Mitglieder der Erd-Familie, die sich für unsere Existenz opfern. Dient dies zur Deckung der Grundbedürfnisse, so geschieht das Töten im Sinne der irdischen Urgesetze, genauso wie die Katze Mäuse fängt und frißt oder die Kuh Gräsern, die ihr als Nahrung dienen, das Leben nimmt.

Die Menschheit hat im Laufe ihrer Entwicklung, und das vor allen Dingen in den letzten hundert Jahren, versäumt, sich der Mitglieder der Erd-Familie nur zu bedienen, um damit die eigene Existenz zu sichern. Das Resultat dieser kurzsichtigen Lebenshaltung ist, daß in den letzten Jahren viele Tier-, Pflanzen- und Baumarten ausgestorben sind. Und dies einzig und allein, um den Menschen, vor allen Dingen denen aus den Industrienationen, einen immer größer werdenden Konsumstandard zu sichern.

Übertreiben es die Menschen damit, beschädigen sie die Integrität der Erde. Dies fällt unweigerlich früher oder später wieder auf uns zurück. Auch Pflanzen nehmen für ihre Existenz wichtige Mineralien und Wasser aus der Erde auf. Der Boden stellt den Pflanzen seine Ressourcen gerne zur Verfügung. Diese würden niemals auf die Idee kommen, mehr Rohstoffe aus der Erde aufzunehmen als für ihr Überleben notwendig ist. Im Gegenteil, sie geben sogar Sauerstoff an die Umwelt ab, die wiederum andere *Familienmitglieder* zum Leben benötigen.

Würden einige Mitglieder aus der Wohngemeinschaft Wiese aus purer Langeweile heraus andere Mitbewohner töten, wäre damit das intakte Gleichgewicht dieser Wiese gestört, was zur Folge hätte, daß diese irgendwann nicht mehr lebensfähig wäre. Zögen diese Störenfriede weiter zur nächsten Wiesengemeinschaft und verhielten sich dort ebenso egoistisch, so hätte das zur Folge, daß nach und nach sämtliche autarken Wiesen aus dem Gleichgewicht gebracht würden. Die Natur hat es so eingerichtet, daß kein Mitbewohner eines intakten Ökosystems auf Abwege kommt – mit Ausnahme des Menschen.

Welche Lehren können aus dem Verhalten der Lebensgemeinschaft Wiese gezogen werden? Wenn der Mensch sich aus dem harmonischen Gleichgewicht des Ökosystems Erde entfernt und sogar dagegen ankämpft, wird dieses irgendwann in solch einem Ungleichgewicht sein, daß ein Leben auf der Erde nicht mehr möglich ist. Was folgt danach? Das Auswandern? Es gibt diesbezüglich Pläne, einen der umliegenden Planeten der Erde nach dessen Bewohnbarkeit auszukundschaften, um dort das Überleben zu sichern, falls die Katastrophen auf der Erde überhand nehmen. Wenn dann der Himmelskörper der Zukunft nicht mehr bewohnbar ist, wandert die Menschheit weiter zum nächsten Planeten und läßt sich dort nieder.

Wegwerfgesellschaft

Aus einer menschenzentrierten Denkweise heraus ist ein Großteil der Bevölkerung in den Industrienationen auf Konsum und Verbrauch von Rohstoffen ausgerichtet. Die Wegwerfmentalität ist symptomatisch für die Gesellschaft.

Wenn man das intakte System der Wildwiese als stellvertretendes Beispiel der Natur ansieht, so erkennt man, daß das Netzwerk Wiese mit seiner Vielfalt an Lebewesen zwar auch Abfälle produziert, diese aber recycelfähig sind und das Gleichgewicht der Erde nicht belasten. Entpuppt sich zum

Beispiel ein Schmetterling, so wird die zurückgebliebene Hülle von der Natur aufgenommen und in den Kreislauf des Werden und Vergehens aufgenommen, ohne die Umwelt dabei zu belasten.

Von dem intakten Ökosystem *Wildwiese* kann der Mensch lernen, was es heißt, eigenverantwortlich aus einem Vernetzungsgedanken heraus zu handeln und entsprechend nur Müll zu produzieren, der anderen Lebewesen wieder als Lebensgrundlage dient.

Für die Heilung der Erde ist es wichtig, wieder anzufangen, von der Natur zu lernen und sie als Lehrmeisterin anzusehen. Nur eine kooperative Zusammenarbeit der einzelnen Gemeinschaften kann das Weiterbestehen der Großgemeinschaft Erde erhalten. Beteiligen sich die Menschen nicht an diesem Zusammenwirken, so werden irgendwann, in nicht allzu ferner Zukunft, sämtliche Ressourcen erschöpft und die Umwelt so gestört sein, daß ein Leben auf diesem Planeten nicht mehr möglich ist und die Großgemeinschaft Erde zerfällt.

Auflösung der Familienstruktur

Die Tatsache, daß sich die meisten Menschen nicht mehr als Teil der Netzwerkes Erde ansehen, zeigt sich unter anderem darin, daß sich die Familienstruktur in der westlichen Welt immer mehr auflöst. Die Ursache dafür ist, daß die Menschen mehr und mehr das eigene Wohl über das der Gemeinschaft stellen und als *alleiniges* Ziel ihre Selbstverwirklichung ansehen.

Jeder will sich selbst verwirklichen und geht seinen eigenen Weg, wobei einem das Zusammenwirken mit seinen Mitmenschen nur im Wege steht. Die Zeit der Großfamilien, in der verschiedene Generationen unter einem Dach lebten, gehört in den Industrienationen größtenteils der Vergangenheit an. Auch nimmt die Zahl der Menschen, die selbst keine Familie mehr gründen möchten und lieber als *Singles* ihre Freiheit genießen, mehr und mehr zu – besonders in den Großstädten. Ist es aber nicht so, daß eine wahre Selbstverwirklichung nur im Verbund einer Gemeinschaft, die einem die eigenen Stärken und Schwächen spiegelt, ablaufen kann? Könnte es nicht sein, daß die Auflösung der Familienstrukturen in den Industrienationen einen entsprechenden Entfremdungsprozeß von der Erde mit sich bringt?

Spirituelle Ethik

Die Kunst wird es in der Zukunft sein, Lebens- bzw. Umweltbedingungen zu schaffen, innerhalb derer die Menschen ihre Bedürfnisse befriedigen können – im Einklang mit den Bedürfnissen der anderen Erd-Familienmitglieder. Damit diese Veränderung vollzogen werden kann, ist es dringend notwendig, daß wir den Begriff *Bedürfnis* neu definieren. Menschliche Bedürfnisse müssen in der Zukunft auf einer Basis stehen, die nicht mehr allein das Wohl des Menschen im Mittelpunkt sieht, sondern die gesamte Erd-Familie. Eine spirituelle Ethik ist dabei vonnöten. Diese Ethik kann nicht auf Befehl von außen her auferlegt werden. Sie darf sich aus einer inneren Erkenntnis heraus in jedem einzelnen entwickeln.

Spirituelle Ethik bedeutet, aus Respekt und Demut vor der Erd-Familie, verantwortungsbewußt zu handeln. Im Zuge einer globalen Gerechtigkeit ist der Mensch aufgefordert, zum Schutze der Vielfalt des Lebens sich in seinen Bedürfnissen zu mäßigen. Entwickeln wir Respekt und Achtung vor unseren Erd-Familienmitgliedern, so ist damit die Chance gegeben, daß aus unserem Innern eine frei gewählte Art der Mäßigung entsteht. Der Verzicht auf bestimmte Konsumgüter ist dann nicht mehr gleichbedeutend mit einem Verlustgefühl für den einzelnen. Die Mäßigung erfolgt freiwillig aus einem achtsamen Bewußtsein heraus.

Ändern sich die konsumorientiert lebenden Menschen in den Industrienationen nicht freiwillig, so werden sie von äußeren Umständen gezwungen werden, ihr Leben auf das gemeinschaftliche Wohl der Erde auszurichten.

Schlußgedanken

Am Ende dieses Buches angelangt, werden Sie sich vielleicht fragen, ob Sie als einzelnes Individuum überhaupt etwas gegen die fortlaufende Zerstörung der Erde ausrichten können. Möglicherweise werden Sie sich denken, »auch wenn ich die Ratschläge dieses Buches befolge, so ist dies doch vergleichbar mit einem Tropfen Wasser, der auf einen heißen Stein fällt«.

Doch wenn sich mehrere Tropfen zusammentun und gemeinsam auf diesen heißen Stein herunterprasseln, so bewirkt diese gemeinsame Stärke letztendlich das Abkühlen des Steines. Wenn Sie bewußt leben und damit anfangen, die Erde als Heiligtum anzusehen, so überträgt sich diese Haltung im Schneeballprinzip auch auf Ihre Mitmenschen. Wer hat es schon für möglich gehalten, daß das System der diktatorisch geführten DDR in so kurzer Zeit zusammenbrechen würde – unter anderem dadurch, daß sich viele *einzelne Tropfen* zusammengefunden und sich auf friedliche Weise für eine humanere Staatsform eingesetzt haben?

Die ansteigende Zahl der Naturkatastrophen signalisiert uns, daß nicht mehr viel Zeit für eine erdheilende Kehrtwende bleibt. Nicht zuletzt die immer dringlicher werdenden Warnungen der traditionellen Hopi zeugen davon, daß umgehend eine tiefreichende Wende, die die Gesundung der Erde als Ziel hat, eingeleitet werden muß.[82] Der grundlegende Schritt hin zu einer Umkehr besteht darin, daß die wirklichen Ursachen der Zerstörung der Natur behoben werden. Die Ursachen liegen in der Selbstentfremdung und im damit verbundenen Nicht-Heil-Sein der Menschen. Die Frage ist, ob uns noch genügend Zeit bleibt, um unsere Aufgaben zu erfüllen.

Wir dürfen angesichts der andauernden Umweltzerstörung nicht resignieren, sondern müssen die letzte Chance, die uns noch bleibt, beim Schopfe packen. Luthers Satz: »Und wenn ich wüßte, daß morgen die Welt unterginge, würde ich heute noch ein Apfelbäumchen pflanzen«, kann dazu als Motivation gelten.

Die Menschheit verfügt über einen Reichtum an Wissen, doch ihre Weisheit darf sie erst noch unter Beweis stellen.

Das Praktizieren einer erdheilenden Lebensweise bedarf keiner langen Vorbereitungsphase. Warten Sie nicht darauf, bis Sie von der Großstadt aufs Land gezogen sind. Fangen Sie dort, wo Sie sich jetzt gerade befinden, an, Ihr Leben umweltbewußt zu gestalten. Auch wenn Sie in einer Großstadt leben: Jeden Grashalm dort, jeden Baum, jede Ameise, jede Pflanze in Ihrer Wohnung, jeden Mitmenschen und nicht zuletzt Sie selbst gilt es zu ehren und zu respektieren.

Machen Sie sich auch bewußt, daß niemand Ihnen Ihre Aufgabe, Hüter der Erde zu sein, abnehmen kann. Kein Politiker, kein Greenpeace-Aktivist und auch kein Nachbar. Wir selbst sind gefordert, im Sinne der Erd-Familie zu handeln.

Wenn genügend Menschen anfangen, die Erd-Familie respektvoll zu behandeln und mit ihr in Eintracht zu leben, wird uns Mutter Erde die Zeit geben, die wir zur Veränderung benötigen.

Noch haben wir die Wahl

Es gibt zwei Möglichkeiten, die Ursachen der Erkrankung der Erde zu beheben: Dies ist zum einen das Aussterben der Menschheit und die damit verbundene Chance für die Erde, sich aus sich selbst heraus zu regenerieren. Zum anderen ist es die Besinnung der Menschen, zu einem respekt- und liebevollen Umgang mit der Erd-Familie in Verbindung eines inneren wie äußeren Heilungsprozesses zu gelangen. Die Menschheit kann die Erde nicht einfach verlassen, indem sie aufgrund von ihr selbst verursachten Seuchen, Epidemien, Kriegen, Hunger- und Naturkatastrophen ausstirbt. Wir müssen das, was wir hier auf der Erde angestellt haben, wieder in Ordnung bringen und die Erde davor schützen, daß dies jemals wieder geschieht. Sollten wir uns für den zweiten Weg entscheiden und im Einklang mit der Natur leben, so ist es an der Zeit, aus dem Negativen, das der Erde in der Vergangenheit angetan wurde, zu lernen und unsere Energie für das Wohl dieses Planeten einzusetzen.

Nicht das zählt, was in der Vergangenheit
an Fehlern gemacht wurde,
sondern das, was wir aus dem Gestern lernen
und in der Gegenwart, im Hier und Jetzt,
besser machen.

Jeder Mensch trägt den Samen des eigenen Heil-Seins wie auch der Gesundheit der Erde in sich. Die heutige Zeit und das damit verbundene neue Zeitalter beinhaltet die einmalige Chance, die Botschaft der menschlichen Symptome wie auch die der erkrankten Erde zu interpretieren und deren Ursache zu beheben. Ich denke dabei auch an die Krebszelle, die ohne Rücksicht auf ihren Lebensspender, den Menschen, ihren egoistischen Weg fortsetzt, ohne zu wissen, daß bei dem Tod des Makrokosmos *Mensch* auch der Mikrokosmos, nämlich sie selbst, stirbt. Im Unterschied zur Krebszelle können wir bewußt handeln und auch Zusammenhänge erkennen. Wir tragen die alleinige Verantwortung dafür, daß der Makrokosmos Erde schwer erkrankt ist. Grund genug, unseren isolierten Weg aufzugeben und uns auf einen gemeinschaftlichen Pfad zu begeben.

Die Erde läßt uns noch weiter auf ihrem Körper leben. Sie weiß um unsere göttliche Aufgabe – ihr Hüter zu sein. Wir dürfen uns dieser Aufgabe bewußt werden, anstatt dem alten *Gebot* zu folgen, sie uns untertan zu machen.

Diese Aufgabe, die von allen Lebewesen dieses Planeten nur den Menschen gestellt wurde, ist eine große Herausforderung. Sie beinhaltet aber auch die Chance, an ihr zu wachsen, dadurch den göttlichen Funken in uns zum Strahlen zu bringen und eins zu werden mit der allumfassenden Liebe. Denn dies ist unser Ziel.

Die Heilung des Geistes vollzieht sich allmählich,
wenn du mit der Natur lebst,
mit dieser Orange am Baum und dem Grashalm,
der durch den Zement stößt,
und den Bergen, die bedeckt,
verborgen von den Wolken sind.
JIDDU KRISHNAMURTI

Der Traum von einem fast vergessenen Land

Ich habe einen Traum von einem fast vergessenen Land …
… ein Land, in dem das Leben als unvergleichlich fortwährende Schöpfung in Ehren gehalten wird. Ein Land, in dem sich jeder bewußt ist, daß seine Nachfahren darunter zu leiden haben, wenn die Erde der Zukunft entheiligt und zerstört ist.
Ich träume von einer Welt, in der die Menschen nicht mehr von »unserer Erde«, »unseren Tieren« und »unseren Pflanzen« sprechen, da sie wissen, daß nichts von alledem ihr Eigentum ist.
Ich träume von einer fast vergessenen Zeit, in der die Menschen gelernt haben, auf die Botschaften der Natur zu hören, Überschwemmungen, Hurrikans und Vulkanausbrüche als mahnende Zeichen der Erde zu respektieren und diesen Bedeutung zu schenken.
Ich habe einen Traum von einer fast schon in Vergessenheit geratenen Welt, in der die Menschen von der Erkenntnis geprägt sind, daß das Leben der Geschöpfe der Erde nur gesichert werden kann, wenn die natürlichen Kreisläufe nicht zerstört werden. Eine Welt, in der man weiß, daß die Ressourcen der Erde nur einmal verbraucht werden können. Eine Welt, in der die Tiere und Pflanzen ihre Rechte und ihre Würde zurückbekommen. Eine Welt, in der es keine Massentier- und Pflanzenhaltung (in Form von Monokulturen) mehr gibt. Eine Welt, in der den Menschen klar ist, daß ihr Fortbestehen nur mit der Achtung sämtlicher Lebewesen der Erde möglich ist. Eine Welt, in der die Menschen vom Humanismus geprägt sind und die Gleichwertigkeit aller Lebewesen anerkannt wird. Eine Welt, in der die Menschen danach streben, im Einklang mit ihren Mitmenschen wie auch allen anderen Geschöpfen der Erde zu leben. Eine Welt, in der keine Kriege mehr geführt werden.
Ich träume von einem Land, in dem das Gesundheitswesen nicht nur die Befreiung von körperlichen Krankheiten als

Ziel hat, sondern das innere Heil-Sein und darin auch die Heilung der Erde mit einbezieht.
Ich habe einen Traum von einer fast vergessenen Welt, in der die Menschen der Industrienationen ihre Selbstentfremdung dadurch überwunden haben, daß sie ihre seelische Armut heilen. Ich träume von einer Welt, in der auch die hungernden Regionen der Erde ihre Armut überwinden, durch eine weltweit gerechte Verteilung der Güter. Eine Welt, in der die von Armut befreiten Menschen ihre neugewonnene Kraft zur Harmonisierung der Erd-Familie und zur Pflege der Wunden der Natur einsetzen.
Ich träume von einer Zeit, in der die Achtung und der Schutz von Minderheiten einen der Grundpfeiler der Lebensphilosophie der Menschen ausmacht. Eine Zeit, in der den Naturvölkern ihre Würde und ihre Rechte zurückgegeben werden. Eine Zeit, in der es keine Verletzungen der Menschenrechts- und Naturgesetze mehr gibt.
Ich habe einen Traum von einer fast vergessenen Welt, in der die »zivilisierten« Menschen die Naturvölker bitten, von ihrem alten Wissen im Umgang mit der Erde zu erzählen. Eine Welt, in der die Menschen der Industrienationen anfangen, die Urvölker der Erde bei der Suche nach den eigenen Wurzeln um Hilfe zu bitten und zur Lösung ihrer Probleme um Rat zu fragen. Eine Welt, in der sich die Bewohner der Industriestaaten öffnen, um von den Naturvölkern zu lernen, was es heißt, ein Gefühl für die Natur zu entwickeln und diese mit Respekt zu behandeln. Eine Welt, in der den Menschen der Industrienationen bewußt wird, daß sie nicht das Recht haben, durch ihre Lebensweise die Urvölker der Erde auszulöschen. Ich träume davon, daß Länder, in die andere Nationen bereits eingefallen oder die davon bedroht sind, autonom werden und daß die Völker ihre Kultur und ihren Glauben wieder frei praktizieren können.
Ich träume von einem fast vergessenen Land, in dem das Wissen der Urvölker um die Harmonie der Erde und um die Naturgesetze auf sanfte Weise verbunden wird mit den Erkenntnissen der Wissenschaft, dem Fortschritt und der Entwicklung der westlichen Welt, basierend auf dem Boden einer schöpfungsbejahenden Ethik.

Ich träume von einer Zeit, in der die Menschen anfangen, die Wunden, die sie der Erde zufügten, zu pflegen und zu heilen – indem sie Rituale zelebrieren und Feste zu Ehren der Schöpfung feiern; indem sie Lied, Dichtung und Gebet als natürliche Form des Ausdrucks zur Heilung der Erde nutzen; indem sie beginnen, in Genügsamkeit zu leben und sparsam mit den Gaben der Natur, wie Nahrung oder Holz, umzugehen; indem sie anfangen, ihren eigenen inneren Reichtum zu entdecken und ihre Bedürfnisse im Einklang mit den Bedürfnissen der Erde zu erfüllen; indem sie den Wind, die Sonne, den Boden und das Wasser als sanfte Energieträger nutzen und weniger Kohle, Öl und Gas aus Mutter Erde entnehmen. Ein Land, in dessen Schulen die Atomkraft nur noch als mahnendes Beispiel für die Vergangenheit besprochen wird.
Ich habe einen Traum von einer fast vergessenen Welt, in der die Menschen die Narben der Erde – die stillgelegten Kohlegruben, Giftmülldeponien, Atomkraftwerke, Uranförderplätze, Atommüllendlager und Atomtestgelände – als mahnende Heiligtümer pflegen. Eine Welt, in der die genannten Anlagen zu Pilgerstätten mit heiligen Plätzen zum Beten und Meditieren umfunktioniert worden sind, zur Mahnung an die Nachfahren, daß solche Anlagen nie wieder errichtet werden dürfen. Ich träume von einer Welt, in der die Menschen die Narben der Erde hüten, damit die kommenden Generationen in Gesundheit leben können.
Ich träume von einem fast in Vergessenheit geratenen Land, in dem sich die Menschen nicht nur verstandesmäßig mit dem Schutz der Umwelt beschäftigen und theoretische Gesetze zum Schutz der Erde aufstellen, sondern das gesammelte Wissen und die Vorsätze auch in die Tat umsetzen. Ein Land, in dem die Menschen wissen, daß wissenschaftlicher Fortschritt begleitet sein muß von spirituell geprägter Ethik und von Handlungen, die das Ziel anstreben, das Gleichgewicht der Erde zu bewahren.
Ich habe einen Traum von einer Welt, in der die Menschen den Boden, den sie betreten, als etwas Ehrwürdiges ansehen. Eine Welt, in der die Menschen die Wunder der Natur bewußt wahrnehmen und sie wieder bestaunen lernen. Eine Welt, in der die

Menschen alles, was ihnen die Natur schenkt, als nicht selbstverständlich ansehen und den Gaben Beachtung schenken.
Ich träume von einer Zeit, in der sich der Mensch bewußt ist, daß er ein eingebundener Bestandteil der Natur ist und daß die menschliche Würde untrennbar mit der Würde seiner Umwelt verknüpft ist. Ich träume davon, daß bei den Menschen das Bewußtsein vorhanden ist, daß sie ein hohes Maß an Verantwortung gegenüber der Schöpfung tragen und daß das Vertrauen, welches ihnen entgegengebracht wird, nicht enttäuscht werden darf.
Ich habe einen Traum von einem fast vergessenen Land, in dem die Menschen Achtsamkeit üben, in dem sie sich bewußt machen, daß sie beim Gehen auf der Erde heiligen Boden betreten, beim Berühren eines Astes einen heiligen Baum in den Händen halten, beim Einatmen der Luft die reinigende Energie des Windes aufnehmen, beim Essen der Nahrung die ehrwürdigen Geschenke von Mutter Erde verzehren, beim Schwimmen im Meer umhüllt von heiligem Wasser sind.
Ich habe einen Traum von einer fast in Vergessenheit geratenen Zeit, in der die Menschen wieder anfangen, den prasselnden Regen am Körper zu spüren, die Klarheit des Wassers zu schmecken, auf das geheimnisvolle Rauschen des Windes, das Schnaufen der Büffel und den Gesang der Vögel zu hören. Eine Zeit, in der die Menschen hinaus aufs Meer fahren, um der Botschaft der Wale zu lauschen und von ihnen zu lernen.
Ich träume von einer Welt, in der die Probleme der Erde an einem runden Tisch gelöst werden, an dem jeder Teilnehmer das gleiche Stimmrecht hat, an dem auch die Stimmen der Tiere und Pflanzen, der Gewässer, des Windes und des Bodens sowie die Stimmen aller anderen Geschöpfe der Erde gehört werden. Eine Welt, in der die Beschlüsse auf den Grundpfeilern einer lebensbejahenden Ethik gefaßt werden.
Ich habe einen Traum von einer Welt, in der die Künstler, wie Dichter, Musiker oder Schauspieler, bei der Heilung der Erd-Familie mit einbezogen werden.
Ich träume von einem Land, in dem Eltern ihren Kindern die Heiligkeit der Erde erklären. Ein Land, in dem den Kindern

die Verantwortung aufgezeigt wird, die die Menschen gegenüber der Erde tragen. Ich träume von einer Zeit, in der in Schulen den Kindern nicht über Formeln und intellektuellen Ratschlägen erklärt wird, warum es gut ist, die Erde zu schützen und Umweltschutz zu praktizieren, sondern in der Zusammenhänge zwischen Mensch und Natur aufgezeigt werden und in der die Kinder Zeit dafür bekommen, in der Natur zu verweilen und sie aktiv zu erleben.
Ich träume von einem Land, in dem den Kindern in der Natur gezeigt wird, wie man ein Gefühl für die Erde entwickelt, sie lernen, Sand in die Hand zu nehmen und daran zu riechen, Wasser bewußt wahrzunehmen und davon zu kosten, den Wind auf der Haut zu spüren, das Kribbeln der warmen Sonne in der Nase wahrzunehmen, beim Umarmen eines Baumes dessen Herzschlag zu erfahren, den Ruf des Bussards in der Luft zu hören, die zarten Blätter einer Rose zu ertasten, die Urgewalt eines Sturmes zu erfühlen. All diese Wahrnehmungen werden in dem fast vergessenen Land geschult.
Ich sehe in meinem Traum Kinder mit einem Lächeln für die Erde, welches geboren ist aus der Tiefe des Verstehens.
Ich habe einen Traum von einer Welt, in der die Menschen, Tiere, Pflanzen, Steine und all die anderen Lebewesen der Natur in friedlicher Gemeinschaft mit dem Wind, dem Boden, der Sonne und dem Wasser leben.
Ich träume von einem fast vergessenen Land in einer Zeit, welche in der Zukunft liegt.

Ein ganz entscheidender Punkt ist,
daß wir nicht die Hoffnung, die innere Entschlossenheit
und den Optimismus verlieren.
Wenn wir allen Schwierigkeiten zum Trotz
die innere Stärke beibehalten,
können die Hindernisse mit der Zeit überwunden werden.
Und wir werden sie überwinden.
DALAI LAMA

Anhang

Anmerkungen

1 Vgl. FOCUS 43/1998
2 Näheres dazu ist in dem Kapitel über Erd-Heilung nachzulesen. Siehe S. 109
3 Vgl. Oro Verde (Hrsg.): *Rettet den Regenwald*. München 1994
4 Vgl. Greenpeace-Broschüre *Nordsee – Kein Grund zur Entwarnung*. Hamburg o. J.
5 Vgl. WWF-Schrift *Umweltgifte mit hormoneller Wirkung*. München 1997
6 Vgl. GEO Nr. 12. Hamburg 1995
7 Vgl. Greenpeace-Broschüre *Fischerei – leere Meere*. Hamburg o. J.
8 Vgl. a. a. O.
9 Vgl. Greenpeace-Broschüre *Plünderung der Nordsee*. Hamburg o. J.
10 Vgl. Greenpeace-Broschüre *Wald*. Hamburg o. J.
11 Vgl. a. a. O.
12 Vgl. Geshe Thubten Ngawang: *Genügsamkeit und Nichtverletzen*. Freiburg 1995; Greenpeace-Broschüre *Wald*. Hamburg o. J.
13 Vgl. GEO Nr. 12. Hamburg 1995
14 Vgl. Al Gore: *Wege zum Gleichgewicht*. Frankfurt a. M. 1994
15 Vgl. WWF (Hrsg.): *Weisheit der Wildnis*. München 1993; Oro Verde (Hrsg.): *Rettet den Regenwald*. München 1994
16 Vgl. Ervin Laszlo: *Laszlo-Report*. München 1994
17 Vgl. a. a. O.
18 Vgl. Greenpeace-Broschüre: *Atom*. Hamburg o. J.
19 In der Zeit zwischen 1969 und 1974 sind 20 Prozent der Navajo-Minenarbeiter an Lungenkrebs gestorben. Weitere 21 Prozent waren daran erkrankt. Siehe auch Peter Schwarzbauer: *Der Lakota-Report*. Wyk auf Föhr 1997
20 Vgl. a. a. O.
21 Vgl. a. a. O.
22 Näheres zu den Uran-Mythologien der Aborigines in WWF (Hrsg.): *Weisheit der Wildnis*. München 1993
23 Vgl. a. a. O.
24 Mehr über die Atomproblematik in Tibet ist nachzulesen in: Geshe Thubten Ngawang (Hrsg.): *Genügsamkeit und Nichtverletzen*, Freiburg 1995, sowie in einem Informationsschreiben der Gesellschaft Schweizerisch-Tibetische Freundschaft TID, Regionalgruppe Münster, verfaßt von Carsten Nebel, April 1997.

25 Vgl. WWF, Panda-Magazin, 3/97
26 Vgl. Lübecker Nachrichten vom 4.11.1998
27 Vgl. WWF, Panda Magazin, 4/92
28 Vgl. Greenpeace-Broschüre: *FCKW in Tiefkühltruhen*. Hamburg o. J.
29 Vgl. Al Gore: *Wege zum Gleichgewicht*. Frankfurt a. M. 1994
30 Vgl. Lübecker Nachrichten vom 27.11.1997
31 Vgl. GEO-Extra: *Das 21. Jahrhundert*. 1/95
32 Vgl. WWF, Panda-Magazin, 3/97
33 Vgl. Ervin Laszlo: *Laszlo-Report*. München 1994
34 Vgl. Al Gore: *Wege zum Gleichgewicht*. Frankfurt a. M. 1994
35 Vgl. WWF, Panda-Magazin, 3/97
36 Vgl. Alexander Buschenreiter: *Unser Ende ist euer Untergang*, Göttingen 1997
37 *Zukunftsfähiges Deutschland*. Studie des Wuppertal-Instituts für Klima, Umwelt und Energie. Basel 1997
38 Mehr über die Genügsamkeit der Ladakhis können Sie in Helena Norberg-Hodge: *Leben in Ladakh*, Freiburg 1997, nachlesen.
39 Die Liebende-Güte-Meditation ist nachzulesen in Ayya Khema: *Liebe ohne Geheimnis*. Uttenbühl 1996
40 Daß Hühner, wenn man ihnen täglich gut zuredet, öfter und mehr Eier legen, als es normalerweise der Fall ist, ist auch ein von mir persönlich beobachtetes Phänomen.
41 Vgl. auch Eliot Cowan: *Pflanzengeist-Medizin*. München 1994
42 Näheres zur Kommunikation mit Pflanzen in der Anbau- und Erntezeit ist in meinem Buch *Die Stimme des Körpers* nachzulesen.
43 Vgl. Thich Nhat Hanh: *Das Glück, einen Baum zu umarmen*. München 1997
44 Vgl. Matthew Fox: *Schöpfungsspiritualität – Heilung und Befreiung für die Erste Welt*. Stuttgart 1993
45 Vgl. Connection spezial: *Spirituelle Ökologie*. Niedertaufkirchen 1997
46 Vgl. Geshe Thubten Ngawang: *Genügsamkeit und Nichtverletzen*. Freiburg 1995
47 Vgl. Dalai Lama: *In die Herzen ein Feuer*. Bern–München–Wien 1995
48 Nachzulesen in: Geshe Thubten Ngawang: *Genügsamkeit und Nichtverletzen*. Freiburg 1995
49 Eine Zusammenfassung eines Beitrags von Gelong Dschampa Tendzin während des interreligiösen Symposiums *Spirituelle Ökologie*, das am 21.11.1995 an der Universität Göttingen stattfand. Vgl. *Tattva Viveka* Nr. 4, Darmstadt 1996
50 Vgl. *Tattva Viveka* Nr. 4, Darmstadt 1996
51 Vgl. a. a. O.
52 Vgl. Chenjerai Hove und Ilija Trojanow in: *Hüter der Sonne*. München 1996

53 Vgl. a. a. O.
54 Vgl. a. a. O.
55 Vgl. a. a. O.
56 Der Beitrag über Ramari Stewart ist entnommen aus dem Film *Die Herrin der Wale,* der am 14.04.99 auf N3 in der Serie *TierWelt* ausgestrahlt wurde.
57 Vgl. Sandy Johnson und Dan Budnik: *Wir werden überleben.* München 1996
58 Vgl. a. a. O.
59 Vgl. a. a. O.
60 Vgl. a. a. O.
61 Vgl. Claus Biegert (Hrsg.): *Der Erde eine Stimme geben.* Reinbek 1987
62 Der ›Kodex einer Umweltethik‹ ist entnommen aus dem Rundschreiben »Friends of the earth«, herausgegeben von Alexander Buschenreiter, Herbst 1996. Übs. v. Gisela Posch und Roman Schweidlenka.
63 Die *Erklärung wechselseitiger Abhängigkeit* wird verbreitet von der *David Suzuki Foundation* in Vancouver, Kanada. Sie wurde aus dem Englischen ins Deutsche von einem Mitglied der Organisation »Pro Regenwald«, München, übersetzt. Vgl. Connection Spezial: *Spirituelle Ökologie.* Niedertaufkirchen 1997
64 Die Beschreibung des Adlertanzes der Cherokee ist nachzulesen in WWF (Hrsg.): *Weisheit der Wildnis.* München 1993
65 Die Beschreibung des Wasserheilungs-Rituals ist nachzulesen in WWF (Hrsg.): *Weisheit der Wildnis.* München 1993
66 Vgl. Alexander Buschenreiter: *Unser Ende ist euer Untergang.* Göttingen 1997
67 Wer sich näher mit der Kultur der Hopi beschäftigen möchte, dem seien die Bücher von Alexander Buschenreiter: *Unser Ende ist euer Untergang* und *Spuren des Großen Geistes* (Göttingen 1993) sowie Rudolf Kaiser: *Die Stimme des Großen Geistes* (München 1995) zu empfehlen. Über die heiligen Gesänge der Hopi für die Lebenskraft der Pflanzen berichten Peter Tompkins und Christopher Bird in *Die Geheimnisse der guten Erde.* Düsseldorf 1998
68 Die Zeremonien der Onondaga sind nachzulesen in Sandy Johnson und Dan Budnik: *Wir werden überleben.* München 1996
69 Mehr über das Leben der Ladakhi ist in Helena Norberg-Hodge: *Leben in Ladakh.* Freiburg 1997, nachzulesen.
70 Die respektvolle Lebensweise der Tibeter im Einklang mit der Natur ist nachzulesen in Geshe Thubten Ngawang: *Genügsamkeit und Nichtverletzen.* Freiburg 1995
71 Vgl. auch Helena Norberg-Hodge: *Leben in Ladakh.* Freiburg 1997
72 Vgl. Oro Verde (Hrsg.): *Rettet den Regenwald.* München 1994
73 Vgl. Diallo-Ginstl (Hrsg.): *Ernährung und Gesundheit.* Stuttgart 1997

74 Vgl. World Watch Institute (Hrsg.): *Zur Lage der Welt*. Frankfurt a. M. 1993

75 Mehr über die Aborigines ist in den Büchern Robert Lawlor: *Am Anfang war der Traum*, München 1996, und Wighard von Strehlow: *Wüstentanz,* Allensbach 1996, und James G. Cowan: *Offenbarungen aus der Traumzeit*, München 1997, nachzulesen. Darüber hinaus bietet der Film *Walkabout*, Großbritannien 1971, einen sehr tiefen Einblick in die Lebensart der Aborigines.

76 Wer sich näher mit dem Thema *Geomantie* beschäftigen möchte, dem seien folgende Bücher empfohlen: Neue Erde (Hrsg.): *Geomantie & Tiefenökologie*, Saarbrücken 1998; Werner Pieper (Hrsg.): *Geomantie,* Löhrbach 1976; Marko Pogacnik: *Die Erde heilen* und *Die Landschaft der Göttin,* München 1993 und 1996; Petra Gehringer: *Geomantie – Wege zur Ganzheit von Mensch und Erde*, Saarbrücken 1998. Ein Buch, welches auf den ersten Blick vielleicht nicht mit Geomantie in Zusammenhang gebracht wird, sich aber trotzdem sehr intensiv mit der Seele von Landschaften beschäftigt, ist Erika Haindl und Wilhelm Landzettel: *Heimat – ein Ort irgendwo*, München 1991. Im deutschsprachigen Raum erscheint zum Thema Geomantie die Zeitschrift *Hagia Chora* (siehe auch Adressenverzeichnis).

77 Mehr über die Elfen auf Island ist in dem Buch Wolfgang Müller: *Blue Tit.* Kassel–Berlin 1997, nachzulesen. Auf Nachfrage verschickt das isländische Fremdenverkehrsamt kostenlos eine Karte mit der Übersicht von Elfenbehausungen in Hafnarfjördur/Island zu. Anschrift siehe Adressenverzeichnis.

78 Vgl. Björn Ulbrich: *Im Tanz der Elemente:* Engerda 1995

79 Vgl. a. a. O.

80 Vgl. a. a. O.

81 Mehr über die Bräuche und Feste im Rhythmus der Jahreszeiten ist nachzulesen in Björn Ulbrich: *Tanz der Elemente*, Engerda 1995, und Gezá Nehményi: *Heidnische Naturreligion*, Bergen 1993, sowie in dem Rundbrief für Bioregionalismus und spirituelle Ökologie *Die Stachelbeere* Nr. 8, Arbeitskreis Bioregionalismus Südwestfalen (Hrsg.).

82 Wer sich mehr mit den Prophezeiungen und Mahnungen der Hopi beschäftigen möchte, dem sei das Heft *Hopifriedensbotschaft*, übermittelt durch Craig Carpenter, zu empfehlen. Es wurde von dem Schweizer Bruno Minder übersetzt und kann beim Verein ›Urkultur‹, der unter anderem auch die Förderung der Aktivitäten der Hopi-Unterstützungsbewegung Schweiz mit einbezieht, bezogen werden. Anschrift siehe Adressenverzeichnis.

Quellen

Abdruck des Textes der Resolution der Ureinwohner Nordamerikas *Leben nach den Naturgesetzen* (Seite 69 ff.) aus dem Buch *Unser Ende ist euer Untergang* von Alexander Buschenreiter, mit freundlicher Genehmigung von Alexander Buschenreiter und dem Lamuv Verlag, Göttingen.

Abdruck der *Liebende-Güte-Meditation* (Seite 88 ff.) aus dem Buch *Liebe ohne Geheimnis* von Ayya Khema, mit freundlicher Genehmigung des Jhana Verlages, Uttenbühl.

Abdruck des Textes *Umweltresolution der Ureinwohner* (Seite 133) aus dem Rundschreiben *Friends of Earth*, herausgegeben von Alexander Buschenreiter, mit freundlicher Genehmigung von Dr. Roman Schweidlenka.

Abdruck des Textes *Charta wechselseitiger Abhängigkeit* von Dr. David Suzuki (Seite 135 f.) aus der *Connection* Sonderausgabe *Spirituelle Ökologie*, mit freundlicher Genehmigung von *Connection*.

Literatur

Alt, Franz: *Die Sonne schickt uns keine Rechnung*. München 1996

Alt, Franz: *Das ökologische Wirtschaftswunder*. Berlin 1997

Aufbruch von innen. Manifest für eine Ethik der Zukunft. Hrg. v. Beaulieu-Gruppe. Frankfurt a. M. 1993

Biegert, Claus (Hrsg.): *Indianische Welten. Der Erde eine Stimme geben*. Reinbek 1987

Bradden, Gregg: *Das Erwachen der neuen Erde*. Freiburg 1999

Buschenreiter, Alexander: *Spuren des großen Geistes*. Göttingen 1993

Buschenreiter, Alexander: *Unser Ende ist euer Untergang*. Göttingen 1997

Buzzi, Gerhard: *Indianische Heilgeheimnisse*. Bergisch Gladbach 1997

Capra, Fritjof: *Lebensnetz*. Bern–München–Wien 1996

Connection special: *Spirituelle Ökologie*. Niedertaufkirchen 1997

Cowan, Eliot: *Pflanzengeist-Medizin*. München 1994

Cowan, James: *Offenbarungen aus der Traumzeit*. München 1997

Dalai Lama: *In die Herzen ein Feuer. Aufbruch zu einem tieferen Verständnis von Geist, Mensch und Natur*. Bern–München–Wien 1995

Diallo-Ginstl, E. (Hrsg.): *Ernährung und Gesundheit. Von anderen Kulturen (essen) lernen*. Stuttgart 1997

Dieren, Wouter van: *Mit der Natur rechnen. Der neue Club-of-Rome-Bericht*. Basel 1995

Drewermann, Eugen: *Der tödliche Fortschritt. Von der Zerstörung der Erde und des Menschen im Erbe des Christentums*. Regensburg 1986

Elmer, Manfred Kurt: *Göttin Erde. Kult und Mythos der Mutter Erde*. Berlin 1994

Fox, Matthew: *Schöpfungsspiritualität. Heilung und Befreiung für die Erste Welt*. Stuttgart 1993

Frank, Helga und Wagner, Waltraud (Hrsg.): *Gaianerekowa. Das große Friedensgesetz des Langhaus-Volkes (Irokesenbund)*. Saarbrücken 1988

Gehringer, Petra: *Geomantie. Wege zur Ganzheit von Mensch und Erde*. Saarbrücken 1998

Geomantie & Tiefenökologie. Hrsg. Neue Erde Verlag Saarbrücken 1998

Goldsmith, Edward: *Der Weg. Ein ökologisches Manifest*. München–Essen–Bartenstein 1996

Gore, Al: *Wege zum Gleichgewicht. Ein Marshallplan für die Erde*. Frankfurt am Main 1994

Gottwald, Franz-Theo und Klepsch, Andrea (Hrsg.): *Tiefenökologie*. München 1995
Haindl, Erika und Landzettel, Wilhelm (Hrsg.): *Heimat – ein Ort irgendwo?*. München 1991
Höper, Dagmar und Waltje, Waldi: *Lernen von fremder Kultur. Ökologische Verantwortlichkeit in der irokesischen Philosophie*. Kassel 1985
Hove, Chenjerai und Trojanow, Ilija: *Hüter der Sonne. Begegnungen mit Zimbabwes Ältesten*. München 1996
Johnson, Sandy und Budnik, Dan: *Wir werden überleben. Gespräche mit indianischen Stammesältesten*. München 1996
Jungk, Robert: *Trotzdem. Mein Leben für die Zukunft*. München–Wien 1994
Kaiser, Rudolf: *Die Stimme des großen Geistes. Prophezeiungen und Endzeiterwartungen der Hopi-Indianer*. München 1995
Khema, Ayya: *Das Größte ist die Liebe. Die Bergpredigt und das Hohelied der Liebe aus buddhistischer Sicht*. Uttenbühl 1995
Khema, Ayya: *Liebe ohne Geheimnis*. Uttenbühl 1996
Khema, Ayya: *Nicht so viel denken, mehr lieben*. Hamburg 1998
Krishnamurti, Jiddu: *Selbstgespräche*. Grafing 1992
Kübler-Ross, Elisabeth: *Das Rad des Lebens. Autobiographie*. München 1997
La Chapelle, Dolores: *Weisheit der Erde*. Saarbrücken 1991
Laszlo, Ervin: *Der Laszlo-Report. Wege zum globalen Überleben*. München 1994
Lawlor, Robert: *Am Anfang war der Traum*. München 1996
Lovelock, James: *Gaia: Die Erde ist ein Lebewesen*. München 1996
Macy, Joanna: *Die Wiederentdeckung der sinnlichen Erde*. München 1994
Mails, Thomas E.: *Ich singe mein Lied für Donner, Wind und Wolken. Das Leben von Fools Crow*. Frankfurt a. M. 1996
Michell, John: *Die vergessene Kraft der Erde*. Warburg 1981
Minder, Bruno (Hrsg.): *Hopifriedensbotschaft*. Übermittelt durch Craig Carpenter. Detligen 1991. (Bezug über den Verein »Urkultur«. Anschrift siehe Adressenverzeichnis.)
Müller, Wolfgang: *Blue Tit. Das deutsch-isländische Blaumeisenbuch*. Kassel–Berlin 1997
Neményi, Géza von: *Heidnische Naturreligion*. Bergen 1993
Nhat Hanh, Thich: *Das Glück, einen Baum zu umarmen*. München 1997
Norberg-Hodge, Helena: *Leben in Ladakh*. Freiburg 1997
Oro Verde (Hrsg.): *Rettet den Regenwald*. München 1994
Pieper, Werner (Hrsg.): *Starke Plätze*. Löhrbach o. J.
Pieper, Werner (Hrsg.): *Geomantie*. Löhrbach 1976
Pogacnik, Marko: *Die Landschaft der Göttin*. München 1993

Pogacnik, Marko: *Die Erde heilen*. München 1996
Possin, Karin: *Wie ein Sandkorn in der Muschel. Lebenskrise als Wachstumschance*. Gelnhausen 1997
Possin, Roland: *Die Stimme des Körpers. Ernährung im Einklang mit der Inneren Führung*. Bergisch Gladbach 1998
Possin, Roland: *Vom richtigen Essen. Ernährung im Einklang mit den vier Elementen*. München 1995
Roszack, Theodor: *Ökopsychologie. Der entwurzelte Mensch und der Ruf der Erde*. Stuttgart 1994
Russel, Peter: *Die erwachende Erde*. München 1987
Schwarzbauer, Peter: *Der Lakota-Report*. Wyk auf Föhr 1997
Seed, John u. a.: *Denken wie ein Berg*. Freiburg o. J.
Silko, Leslie Marmon: *Hüter der Weisheit*. München 1993
Smith, Tom H. und Braeucker, Savitri: *Mutter Erde wehrt sich. Prophezeiungen zur Lage des Planeten*. Zürich–Altenburg 1997
Springmann, Baldur: *Bauer mit Leib und Seele*. Bd. 1: *Das weiße Wolkenschiff*. Bd. 2: *Heimat aus Licht*. Koblenz o. J.
Strehlow, Wighard: *Wüstentanz*. Allensbach 1996
Tattva Viveka. Forum für Wissenschaft, Philosophie und spirituelle Kultur. Heft 4. Frankfurt 1996
Thoreau, H.D.: *Walden*. Zürich 1979
Thubten Ngawang, Geshe: *Genügsamkeit und Nichtverletzen. Natur und spirituelle Entwicklung im tibetischen Buddhismus*. Freiburg 1995
Tompkins, Peter und Bird, Christopher: *Die Geheimnisse der guten Erde*. Düsseldorf 1998
Ulbrich, Björn: *Im Tanz der Elemente*. Engerda 1995
Voigt, Anna und Drury, Nevill: *Das Vermächtnis der Traumzeit. Leben, Mythen und Traditionen der Aborigines*. München 1998
Wing, R. L.: *Der Weg und die Kraft. Laotses Tao-te-king als Orakel und Weisheitsbuch*. München 1987
World Watch Institute (Hrsg.): *Zur Lage der Welt. 1993*. Frankfurt a. M. 1993
WWF Deutschland (Hrsg.): *Silberstreifen am Horizont*. München 1993
WWF Deutschland (Hrsg.): *Weisheit der Wildnis*. München 1993
Zukunftsfähiges Deutschland. Studie des Wuppertal-Instituts für Klima, Umwelt und Energie. Hrsg. v. BUND und Misereor. Basel 1997

Hinweise zu Musik, Film und Seminaren

Musik zum Thema Hüter der Schöpfung

Antara, Gila: *Star Child*. PAN TAO Musik 1997
Boine, Mari: *Leahkastin*. PolyGram International 1994
Burch, Sharon: *Touch the sweet earth*. Canyon Records 1995
Loten: *Songs of Tibet*. Loten Namling, Bolligenstr. 46, CH-Bern 1998

Film zum Thema Hüter der Schöpfung

Walkabout. Regie Nicolas Roeg. Großbritannien/Australien 1971

Seminare zu den Themen

- Erdheilung
- Die Stimme des Körpers
- Ernährung nach den vier Elementen

Nähere Informationen bei:
Roland Possin
Kapitelstraße 5
D-23552 Lübeck

Legen Sie bitte bei Anfragen Rückporto bei.

Adressen

Anima Mundi (Freie Akademie für Geomantie)
Beethovenstraße 13
D-53332 Bornheim

Beaulieu-Bewegung
Postfach 5401
CH-3001 Bern

Buddha-Haus
Uttenbühl 5
D-87466 Oy-Mittelberg

Elfenkarte von Hafnarjördur
Isländisches Fremdenverkehrsamt
Carl-Ulrich-Straße 11
D-63263 Neu-Isenburg

Friedensuniversität
Akazienstraße 27
D-10823 Berlin

Gaia Media Stiftung
PO Box 350
CH-4003 Basel

Gesellschaft für angewandte Tiefenökologie
c/o Nikolaus Einhorn
Im Unterdorf 19
D-57635 Marenbach

Gesellschaft für Schweizerisch-Tibetische Freundschaft TID
Regionalgruppe Münster
Konradstraße 2a
D-48145 Münster

Hagia Chora (Schule für Geomantie)
Luitpoldallee 35
D-84453 Mühldorf

Holon Koordinationsgruppe
c/o Wolfgang Jaeger
Voltastraße 58
CH-8044 Zürich

Interhelp
Im Schilf 34
D-26133 Oldenburg

Move
c/o Alexander Buschenreiter
Obersdorf 35 A
A-8983 Bad Mitterndorf

Netzwerk Stimmen der Erde
c/o Jörg Wichmann
Niedenhofbusch 1
D-51427 Refrath

Plum Village
Thich Nhat Hanh-Ashram
Meyrac, Loubes Bernac
F-47120 Duras

Schweisfurth-Stiftung
Südliches Schloßrondell 1
D-80638 München

Tibetisches Zentrum
Hermann-Balk-Straße 106
D-22147 Hamburg

Urkultur
Hopi-Unterstützungsbewegung Schweiz
CH-3000 Bern

ZIST
Zentrum für Individual- und Sozialtherapie
Zist 3
D-82377 Penzberg

Weitere Titel
aus dem Atlantis-Programm